FUNDA MENTAL MENTE

Fundamentalmente

Copyright © 2021 da Starlin Alta Editora e Consultoria Eireli.
ISBN: 978-65-5520-755-2

Todos os direitos estão reservados e protegidos por Lei. Nenhuma parte deste livro, sem autorização prévia por escrito da editora, poderá ser reproduzida ou transmitida. A violação dos Direitos Autorais é crime estabelecido na Lei nº 9.610/98 e com punição de acordo com o artigo 184 do Código Penal.

A editora não se responsabiliza pelo conteúdo da obra, formulada exclusivamente pelo(s) autor(es).

Marcas Registradas: Todos os termos mencionados e reconhecidos como Marca Registrada e/ou Comercial são de responsabilidade de seus proprietários. A editora informa não estar associada a nenhum produto e/ou fornecedor apresentado no livro.

Impresso no Brasil — 1ª Edição, 2021 — Edição revisada conforme o Acordo Ortográfico da Língua Portuguesa de 2009.

Erratas e arquivos de apoio: No site da editora relatamos, com a devida correção, qualquer erro encontrado em nossos livros, bem como disponibilizamos arquivos de apoio se aplicáveis à obra em questão.

Acesse o site www.altabooks.com.br e procure pelo título do livro desejado para ter acesso às erratas, aos arquivos de apoio e/ou a outros conteúdos aplicáveis à obra.

Suporte Técnico: A obra é comercializada na forma em que está, sem direito a suporte técnico ou orientação pessoal/exclusiva ao leitor.

A editora não se responsabiliza pela manutenção, atualização e idioma dos sites referidos pelos autores nesta obra.

Dados Internacionais de Catalogação na Publicação (CIP) de acordo com ISBD

H556f	Hermont, Gustavo
	Fundamentalmente: lições indispensáveis para investidores de sucesso / Gustavo Hermont. - Rio de Janeiro : Alta Books, 2021.
	224 p. ; 16cm x 23cm.
	Inclui índice.
	ISBN: 978-65-5520-755-2
	1. Economia. 2. Investimentos. 3. Investidores. I. Título.
2021-4142	CDD 332.024
	CDU 330.567.2

Elaborado por Vagner Rodolfo da Silva - CRB-8/9410

Rua Viúva Cláudio, 291 — Bairro Industrial do Jacaré
CEP: 20.970-031 — Rio de Janeiro (RJ)
Tels.: (21) 3278-8069 / 3278-8419
www.altabooks.com.br — altabooks@altabooks.com.br

Produção Editorial
Editora Alta Books

Gerência Comercial
Daniele Fonseca

Editor de Aquisição
José Rugeri
acquisition@altabooks.com.br

Produtores Editoriais
Illysabelle Trajano
Maria de Lourdes Borges
Thales Silva
Thiê Alves

Marketing Editorial
Livia Carvalho
Thiago Brito
marketing@altabooks.com.br

Equipe de Design
Larissa Lima
Marcelli Ferreira
Paulo Gomes

Diretor Editorial
Anderson Vieira

Coordenação Financeira
Solange Souza

Coordenação de Eventos
Viviane Paiva

Assistente Editorial
Mariana Portugal

Equipe Ass. Editorial
Beatriz de Assis
Brenda Rodrigues
Caroline David
Gabriela Paiva
Henrique Waldez
Raquel Porto

Equipe Comercial
Adriana Baricelli
Daiana Costa
Fillipe Amorim
Kaique Luiz
Victor Hugo Morais

Atuaram na edição desta obra:

Revisão Gramatical
Alessandro Thomé
Helder Novaes

Capa
Marcelli Ferreira

Diagramação
Lucia Quaresma

✉ **Ouvidoria:** ouvidoria@altabooks.com.br

Editora afiliada à:

Gustavo Hermont

FUNDA MENTAL MENTE

Lições indispensáveis para
Investidores de sucesso

ALTA BOOKS
E D I T O R A
Rio de Janeiro, 2022

SUMÁRIO

| Prefácio | vii | Introdução | 1 |

PARTE 1   5

A primeira lição	7	Narrativas	39
O funcionamento da Bolsa de Valores	9	Análises	41
Reserva de emergência	15	Como funciona uma empresa?	45
Relativização	17	Como analisar uma ação?	55
Vou comprar uma casa!	19	Na dúvida, margem	61
Custos	21	Já foi difícil	63
O que o dinheiro compra?	23	Precisa de tempo	65
Minha primeira ação e uma lição	25	Crises e bolhas	67
Ninguém nasceu para investir na Bolsa de Valores	27	Bitcoin	71
A culpa é das bruxas	29	Por que você não deve investir em algo em que não acredita	73
Números	31	IPOs: Entrar ou não entrar?	75
Expectativa e intensidade	33	Quando vender?	77
Discursos encantam mais que resultados	35		

PARTE 2   79

Seguro que sai barato	81	Antifragilidade	97
Reflita	83	Erros	99
Uma fórmula mágica!	85	Fundo imobiliário ou ações	103
Commodities	87	Como medir o risco?	107
O melhor pior negócio do mundo	89	É importante saber do que ter medo	109
O mercado eficiente	91	Axiomas	113

FUNDAMENTALMENTE

Volatilidade gera volatilidade	115	Inteligência emocional	123
O que é uma boa carteira?	117	Inteligência emocional, parte 2	127
Morango	119	O que você quer?	129
Vendo agora, compro mais tarde	121	Simplicidade e sociedade	131

PARTE 3 133

Alquimista	135	Conflitos de interesse e pessoas do bem	177
O dia em que apareci na televisão	139		
Transformações e uma nova interpretação	141	Quando chegar a hora de você perder dinheiro, você perderá	181
No futuro não teremos emprego para todos. Que ótima notícia!	145	Quem você quer ser?	183
A verdade	149	A arrogância	185
A mentira	151	Bolsa é cassino?	187
Valor do mês!	153	Causa e consequência ou consequência e causa?	189
Mercado de capitais	155	Possibilidade	193
Chuteira e ações	157	Trabalhadores e preguiçosos	197
Invertendo as bolas	159	Vendo notas de R$10 por R$5	199
Fiscal e monetário	161	Twitter e margem de segurança	201
Poupança ou Europa?	163	A última lição, Dom Quixote e a confusão	205
Burocracia	167		
Política e investimentos	171	Ajudar (conclusão)	207
Hábito	173	Agradecimentos	209
Disciplina	175	Referências	210
		Índice	211

PREFÁCIO

"Investidor Sem Grife." Não existe maneira melhor de descrever Gustavo Hermont, autor desta obra. Um investidor nato, sempre buscando pechinchas, das situações mais cotidianas até suas investidas na Bolsa, combinado com a ausência de grife, de tudo que remeta a luxo e ego. Um cara extremamente simples e humilde, do modo de vestir ao de se relacionar. Conheço Gustavo desde quando tínhamos 5 anos e posso afirmar que sempre foi assim.

Talvez sejam essas características e mais algumas outras que o tenham motivado a escrever este livro. Juntamente com a humildade, o fato de estar querendo sempre aprender mais, devido à constatação de que não sabe tudo, sempre percebi nele a vontade de ajudar o próximo, muitas vezes ensinando. E este livro nada mais é que um compilado de ensinamentos passados por meio de pequenos textos que com certeza ajudarão qualquer pessoa que tenha o mínimo de interesse no mundo dos investimentos.

Eu me lembro de quando tínhamos 16 anos, no 1º ano do Ensino Médio, e ele me apresentou a Bolsa de Valores. Por meio de um simulador, me fez comprar ações da Fitbit no IPO. De início, teria sido uma boa compra; em pouco mais de um mês, as ações subiram 50%. Mas foi apenas uma euforia do mercado, muito comum em IPOs. Hoje, a perda seria superior a 75% do capital investido. Essa história nos mostra como o tempo e os erros são fundamentais para o aprendizado e a evolução de um investidor. Algumas páginas adiante, vocês lerão um texto sobre IPOs e poderão aprender com nosso erro, que, para nossa sorte, foi cometido em um simulador.

Apesar desse começo um tanto quanto desanimador, hoje sou formado em Economia e trabalho no mercado financeiro como analista. Sem sombra de dúvidas, os ensinamentos do Gustavo sobre a Bolsa de Valores, das coisas mais básicas, como seu funcionamento, até as mais complexas, como estratégias de portfólio, e as incansáveis conversas sobre fundamentos de empresas desempenharam papel fundamental para que eu chegasse onde estou hoje.

Cada um dos textos que vocês terão a oportunidade de ler a seguir me lembram uma conversa que já tivemos em algum momento da vida sobre o tema. Espero que vocês saibam aproveitar cada um desses textos, como eu soube aproveitar cada uma de nossas conversas.

Este livro é uma das maneiras mais didáticas possíveis de aprender sobre a Bolsa de Valores e os assuntos que a circundam, desde os temas mais teóricos, sobre o funcionamento da Bolsa, até os mais filosóficos, que envolvem a psicologia do dinheiro. Para iniciantes, uma leitura quase que obrigatória e que pode poupar o investidor de cometer vários erros e aumentar as chances de acerto. Dizem que errar não sai caro quando se tira algum aprendizado da situação, mas, com certeza, aprender com o erro dos outros é muito mais barato. Para investidores de longa data, uma maneira rápida, fácil e divertida de se lembrar de princípios e conceitos fundamentais para todos os investidores de valor.

Algumas das cartas deste livro traduzem de maneira simples conceitos que fui aprender após alguns anos investindo, depois de vários erros e acertos. Já outras trazem reflexões das quais poderia ser escrito um livro apenas para discorrer sobre o tema, porém, compilado em duas ou três páginas, sem perder a essência. Enfim, se eu fosse fazer o *valuation* deste livro (se você não sabe o que é isso, volte aqui após ler a carta "Como Analisar uma Ação?"), devido ao valor agregado aqui presente, com certeza o preço justo estaria acima do preço de mercado que você pagou por ele. Então podemos dizer que você comprou conhecimento com desconto. Parabéns pelo investimento!

Como diria Warren Buffett: "O investimento mais importante que você pode fazer é em você mesmo." E com certeza a leitura deste livro é um grande investimento para qualquer investidor.

Eduardo Oliveira

INTRODUÇÃO

Em um dos discursos mais famosos da história do empreendedorismo, Steve Jobs disse para alunos que estavam se formando em Stanford em 2005: "Você precisa acreditar em algo, porque é isso que vai te dar confiança para seguir seu coração. Mesmo que ele te leve para um lugar diferente do qual era planejado, isso vai fazer toda a diferença." Eu sou muito cético em relação a alguns discursos, especialmente pelo fato de terem como objetivo final muito mais a autopromoção do que passar ensinamentos de verdade. Entretanto, em sua fala, Jobs contou três histórias marcantes de sua vida, e a primeira conclusão que ele tirou foi a de que devemos acreditar em algo. Foi verdadeiro e ficou evidente que, naquele momento, a autopromoção não era seu objetivo. Talvez por isso, aquele discurso ficou marcado na história. E é por esse mesmo motivo que criei o blog *Investidor Sem Grife*. Não que o objetivo seja tão pretensioso a ponto de achar que o blog terá uma história tão brilhante como a do criador da Apple, mas sim por dar sequência a uma das atividades de que mais gosto, que é falar, conversar e ouvir sobre a Bolsa de Valores. Contando a história do começo, acho que será possível entender melhor. Sempre fui fascinado por empresas. Lembro-me de que, quando eu era criança (com uns 7 anos), algo acontecia repetitivamente: sempre que eu entrava em uma loja com minha mãe, a primeira coisa que eu pensava era: "Que saco, vou ter que esperar!" Mas logo eu já me acomodava e refletia: "Quanto essa loja ganha de dinheiro? Se vender tantos produtos, ganha X reais, mas tem que pagar pra comprar os produtos...", e por aí ia. Era uma imensidão de cálculos imprecisos que só serviram para me ajudar a descobrir que eu adorava aquilo. Por incrível que pareça, com 10 anos, eu já sabia que queria cursar Administração de Empresas na faculdade. Nunca tive muitas dúvidas quanto a isso, sempre foi muito claro para mim. Pensei em cursar Economia, já que muitas pessoas me diziam que esse era um curso "melhor". Gosto muito de ambas as áreas, mas o que amo são empresas, e eu queria entender o funcionamento delas. Chegando aos 13 ou 14 anos, eu e meus amigos baixamos um simulador da Bolsa de Valores, e ganhei muito dinheiro (imaginário) no joguinho. Ninguém sabe como fiz isso, nem eu mesmo sei, mas em 1 ano eu tinha saído de US$10 mil e já havia multiplicado essa quantia em algumas vezes. Naquele momento, eu achava que o segredo era entrar em todos os IPOs. Eu entrava em sites de notícias norte-americanos para descobrir os IPOs (que eu acabara de descobrir o que era), e no simulador eu comprava todas as estreantes da Bolsa norte-americana, para vender poucos dias depois. Não sabia o porquê, mas estava dando certo. Inclusive, fiquei sem entender o motivo por mais alguns anos.

Com 15 anos, quis investir em ações de verdade, mas eu não podia criar minha própria conta na corretora. Foi então que recorri ao meu irmão, e ele, demonstrando uma extrema confiança em mim, me passou a senha de sua própria conta, com uma única condição: "Não venda e nem compre nada. Primeiro entenda." Até hoje eu não sei por que ele me emprestou a conta dele. Eu não emprestaria de jeito nenhum. Fato é que ele fez isso, e pouco tempo depois, já comprei minha primeira ação (contarei essa história no decorrer do livro).

O tempo passou, e não deu outra: fui fazer faculdade de Administração. No início de 2019, tive a ideia de escrever um livro, e então comecei o blog com dois principais intuitos. Eu lia muitos dados sobre empresas, mas esquecia muitos deles, principalmente alguns que eu considerava interessantes, como: quantos pedidos são feitos mensalmente no Ifood?

Então comecei a fazer resumos de notícias e textos que eu havia lido e considerado interessantes, com o objetivo de fixar informações. Foi quando me surgiu uma ideia: por que não compartilhar esses resumos e essas curiosidades sobre empresas?

O segundo principal motivo era começar a trilhar um caminho para a divulgação de meu livro, que eu começava a esboçar. Contudo, aquele livro que eu estava escrevendo não era o que eu queria publicar, e comecei a escrever outro. Esse ficou em estágios avançados, mas também não gostei muito dele. Foi quando, quase um ano depois desse "livro vai, livro vem", cheguei neste formato de pequenos textos que eu chamo de "cartas".

Assim, comecei a focar mais a produção de conteúdos e exposição das ideias, para que mais pessoas tivessem interesse nesse livro. A partir disso, tive a ideia de profissionalizar mais essa produção de conteúdo. Comentei sobre a ideia com minha prima, que naquela época já trabalhava com marketing digital e sabia muito sobre esse mundo, com o qual eu era pouquíssimo familiarizado. A primeira reação dela foi me incentivar, e se não fosse por isso, talvez tudo tivesse ficado apenas no campo das ideias e você não estaria lendo este livro. Ela adorou e acreditou que o blog poderia dar certo.

E de onde eu tirei o nome *Investidor Sem Grife*? Em essência, a ideia por trás do nome para o blog é a de que existem incontáveis pessoas que sabem muito mais do que eu, muito mesmo. Isso é natural, e não importa o quão bom você seja, sempre será possível aprender com outras pessoas. Além disso, acredito que seja algo um pouco contraintuitivo. Eu me autoproclamar um investidor sem grife vai contra todos os mandamentos dos gurus de hoje em dia, que se vangloriam como sendo os melhores ou os mais qualificados. Achei legal assumir logo de cara que eu não era o melhor, longe disso. Contudo, assim como todo o mundo, tenho conhecimento que pode ser compartilhado.

E vou além: não interessa se sou o melhor, o que interessa é que posso agregar valor para muitos investidores e especialmente mostrar que, mesmo sem ser a pessoa com mais conhecimento, eu consigo ter retornos similares ao dos investidores que sabem muito mais do que eu. Isso tudo porque eu foco o mais importante: o ser humano. E mais especificamente, foco o conhecimento de mim mesmo.

Acredito que o *Investidor Sem Grife* seja mais que um blog. Com o perdão pelo exagero, é quase que uma filosofia de vida. Investir não é unicamente sobre a Bolsa de Valores, títulos públicos, certificados e outros produtos financeiros. A pessoa que você é impacta direta e indiretamente seus investimentos. Deixarei isso bem claro no decorrer do livro.

Investir é simples e complexo ao mesmo tempo. Pode, por exemplo, ser fácil de entender o que deve ser feito e difícil de executar. E, por isso, comecei a perceber, no meio desse caminho, que toda oportunidade é um investimento em potencial. Não necessariamente um investimento monetário. Um investimento também pode ser de tempo, dedicação, esforço e força de vontade. Logo, todos, sem exceção, podem investir. Ou melhor, todos nós somos investidores.

A ideia do *Investidor Sem Grife* gira em torno disso. Creio que todos que concordam com essa filosofia podem ir contra a arrogância de alguns que clamam saber de tudo e, mesmo indo contra esse modo de se apresentar, ainda ter ganhos consistentes na Bolsa de Valores utilizando essa mentalidade. Todos podem também trabalhar e melhorar seus investimentos indo atrás do conhecimento real e, sobretudo, mudando a percepção e as ideias que têm, principalmente neste mundo em que o pensamento está cada vez mais equânime e repetitivo.

Por isso, concordo com Steve Jobs, e por mais que meu caminho vá ser diferente do dele e muito menos glorioso, acredito que estou seguindo o que amo e tendo a possibilidade de me comunicar com muitas pessoas simultaneamente, tendo a chance até de mudar, nem que seja uma parte delas, para melhor. Esse é meu objetivo. Não sei o final dessa história, e é impossível saber, mas gosto do caminho, e isso é o que interessa.

Espero passar ideias valiosas neste livro.

Gustavo Hermont

PARTE 1

NESTA PARTE

- A primeira lição
- O funcionamento da Bolsa de Valores
- Reserva de emergência
- Relativização
- Vou comprar uma casa!
- Custos
- O que o dinheiro compra?
- Minha primeira ação e uma lição
- Ninguém nasceu para investir na Bolsa de Valores
- A culpa é das bruxas
- Números
- Expectativa e intensidade

- Discursos encantam mais que resultados
- Narrativas
- Análises
- Como funciona uma empresa?
- Como analisar uma ação?
- Na dúvida, margem
- Já foi difícil
- Precisa de tempo
- Crises e bolhas
- Bitcoin
- Por que você não deve investir em algo em que não acredita
- IPOs: Entrar ou não entrar?
- Quando vender?

A PRIMEIRA LIÇÃO

Tudo na vida é um processo. Você não consegue atingir seus objetivos se não tiver bem fixado o conceito, já que é impossível ficar bom em algo do dia para a noite. Você provavelmente já ouviu falar da regra das 10 mil horas que são necessárias para você realmente ficar bom em alguma atividade. Essa regra, tão difundida após o best-seller de Malcolm Gladwell, *Outliers*, é a definição perfeita do que realmente é um processo de se tornar bem-sucedido em algo que você faz. Se você ficar 18 horas por dia, durante um mês, praticando ou estudando a tarefa na qual você deseja se tornar especialista, terá feito apenas 5% do necessário para as tão almejadas 10 mil horas. Não faz sentido. Nesse caso, é mais provável que você desista ou faça mal feito do que chegue em sua meta.

Processo significa esforço e consistência com um objetivo. Mais valem 8 horas diárias durante 4 anos do que 18 horas por 555 dias, pois, claramente, a primeira alternativa tem mais chances de sucesso, por motivos óbvios. Todo processo requer tempo, e será necessário passar por ele para conseguir tudo que você almeja conquistar no decorrer de sua vida.

Quer ganhar dinheiro investindo? Sinto em lhe dizer, mas será necessário passar por um árduo processo, como deve ser. Não existe dinheiro fácil. Não existe almoço grátis. Dinheiro é consequência de trabalho, esforço, estudo e consistência.

Jamais acredite em quem te oferece uma oportunidade de enriquecimento rápido. Fuja de quem fala que você ficará rico com a Bolsa de Valores. Fuja correndo de quem faz anúncios de *daytrade* mostrando tudo de bom que o dinheiro pode comprar. Uma das poucas certezas que tenho na vida é a de que esse não é o caminho.

É comum cada vez mais pessoas caírem na falácia do enriquecimento rápido com a Bolsa de Valores. Concordo que, no primeiro momento, parece ser algo muito simples de ser feito. Pode até ser relativamente simples, mas definitivamente não é simples da maneira que as pessoas acham. Ser fácil, ou melhor, não ser difícil é totalmente diferente de ser rápido. As famigeradas 10 mil horas necessárias para você ficar bom em alguma atividade... para um investidor, elas são apenas o começo. Investir não é uma prática tão movimentada quanto você pode imaginar por filmes ou outras referências exageradas, já que, em 90% ou mais do tempo, é bem pacata, porque o que você tem que fazer é justamente o que está fazendo agora: ler. O investidor tem como seus maiores aliados o tempo e a informação, e tem como seu maior inimigo a ansiedade. Tudo que você quer fazer bem feito não será conquistado do dia para a noite, sempre é um processo, e em seus investimentos não poderia ser diferente. Acredito que isso é algo que ficará bem evidente no decorrer das cartas que compõem este livro.

O FUNCIONAMENTO DA BOLSA DE VALORES

É impossível compreender a Bolsa de Valores sem antes ter bastante clara a lei da oferta e da demanda, uma das poucas matérias que escolas ensinam e que serão utilizadas em seus investimentos. Entretanto, muitas pessoas não se lembram dessa lei, ou não foram ensinadas da melhor maneira, e acabam tendo uma defasagem nos conceitos. Apesar disso, tenho certeza de que, ao adentrar essa lei, ainda que superficialmente, será possível realmente compreender do que se trata a Bolsa de Valores. Então, vamos lá.

Oferta e demanda são duas forças que fazem o mercado funcionar da maneira que conhecemos hoje. São elas que determinam os preços. Oferta diz respeito à quantidade disponível de um produto. Dessa forma, se uma empresa tem um estoque disponível para venda de um produto exclusivo, essa é a oferta desse produto. Já a demanda é o quanto os consumidores querem um produto. Seria a quantidade desse produto exclusivo mencionado anteriormente que os consumidores estão dispostos a comprar.

Assim, podemos falar que quem faz a oferta são os vendedores de um produto. A oferta sofre influência do preço, barreiras de entrada para produção, como, por exemplo, tecnologia e custos. Por outro lado, quem estabelece a demanda são os consumidores, pois ela dependerá do quanto esses compradores estão dispostos a comprar. A demanda é influenciada pelo preço, por fatores demográficos, gostos, produtos similares, concorrência e outros.

Podemos relacionar a oferta e a demanda em um gráfico muito utilizado em livros básicos de economia, em que conseguimos chegar em um ponto onde a oferta e a demanda se cruzam. Esse ponto é chamado de ponto de equilíbrio. Veja o exemplo do mercado fictício de patinetes.

Mercado de Patinetes

Preço	Quantidade ofertada	Quantidade demandada
R$100	30	70
R$200	40	60
R$300	50	50
R$400	60	40
R$500	70	30
R$600	80	20

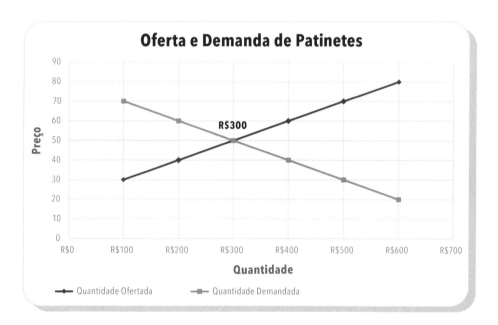

Agora, com os conceitos de oferta e demanda bem fixados, podemos entender a lei da oferta e demanda. Criada no século XVIII pelo chamado "pai da economia clássica", Adam Smith, essa lei é até hoje atual e continua movendo o mercado.

A ideia por trás dessa lei pode ser simplificada ao dizermos que é a maneira de determinar o preço de um produto com base nas duas forças já explicadas.

O FUNCIONAMENTO DA BOLSA DE VALORES 11

É simples: se houver mais produtos disponíveis para serem vendidos do que pessoas com interesse em comprá-los, o preço tende a cair. Em contrapartida, o contrário também é verdade. Se existir escassez (ideia básica da economia) da oferta de um determinado produto e a demanda permanecer a mesma, seu preço tende a subir.

Na teoria, esse preço vai caindo e subindo, até que chegue em um ponto de equilíbrio. Digo na teoria, pois essa ideia só é validada em um mercado com concorrência perfeita, ou seja, onde existem diversos compradores e vendedores, pois assim seria impossível um agente econômico/*player* do mercado alterar monocraticamente os preços de um produto. É por esse motivo que percebemos o porquê de um monopólio ser tão nocivo para uma economia e para a população/consumidores em geral.

E as ações seguem essa ideia de negociação livre com o preço sendo cotado a mercado. Ou seja, sempre que duas pessoas concordarem em uma vender e outra comprar por um mesmo preço, BINGO! Temos um novo preço para essas ações.

Assim, podemos falar que sempre que a demanda por um papel sobe mais do que a oferta dessa ação, seu preço sobe junto. O contrário também é verdade, e sempre que a oferta sobe e fica desproporcional à demanda naquele determinado patamar de preço, ela passa a ser negociada por menos.

Isso ocorre simplesmente porque, se uma pessoa quer vender uma ação a um preço, mas não encontra compradores nesse patamar, vai diminuindo a quantia requerida até encontrar uma alma disposta a comprar suas ações.

Imagine que você é dono de uma empresa de varejo chamada Loja do Urso e os resultados dessa companhia em um determinado trimestre tenham sido terríveis e o CEO renuncia. Em meio a toda essa incerteza, você se vê muito inseguro com os rumos que a empresa está tomando e opta por vender suas ações.

O problema é que você não é o único que pensou assim. A oferta de ações a mercado aumentará muito, pois diversas pessoas analisaram a situação do mesmo modo que você e vão querer se desfazer de sua posição devido a tantas incertezas sobre o futuro da Loja do Urso. Caso essa oferta aumente e a demanda não acompanhe esse volume, as ações caem de preço. Isso ocorre justamente porque a força compradora também não se sente confortável em pagar o preço que estava sendo negociado antes dos resultados e da renúncia do CEO da Loja do Urso. Diante de todas essas incertezas, os compradores vão querer pagar menos.

Esse preço cai a um patamar, até que um vendedor e um comprador acham justo realizarem a operação. Está formado um novo preço para as ações da Loja do Urso. Um preço obviamente inferior ao antigo, para refletir as más notícias.

Em contrapartida, temos a Loja do Touro, muito bem administrada, que entregou resultados sólidos no trimestre, tem histórico de lucros constantes e cujo CEO é um super-homem, faz de tudo e já foi eleito o melhor presidente de empresas do setor. A demanda por essas ações subirá, afinal, quem não quer se tornar sócio da Loja do Touro, muito bem administrada e com um superCEO? Por outro lado, ninguém quer vender as ações que tem, todos querem essas ações! Seria uma loucura ficar de fora, não é mesmo? Por isso, para fazer com que algum detentor dessas ações venda sua parcela da empresa, será necessário que os potenciais compradores aumentem suas respectivas propostas de compra para convencerem os sócios da Loja do Touro a venderem suas fatias da companhia.

Esse preço sobe a um patamar, até que um vendedor e um comprador acham justo realizarem a operação. Está formado um novo preço para as ações da Loja do Touro. Um preço obviamente superior ao antigo, para refletir as boas notícias.

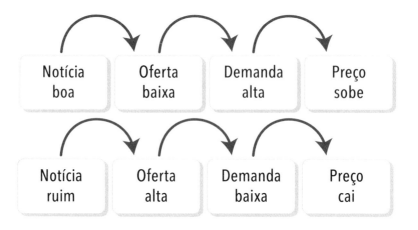

Obviamente, tudo isso ocorre de forma automatizada na Bolsa de Valores.

Outro fator é que, como o próprio nome da empresa deu a entender, os exemplos são apenas teóricos e não necessariamente ocorreram desse modo na vida real. Na maioria das vezes, uma boa notícia impacta positivamente os preços. E o contrário também é verdade: uma má notícia impacta negativamente os preços. Entretanto, falar em "boas" ou "más" notícias é falar sobre a interpretação do mercado. Às vezes, uma notícia é ruim na sua opinião e boa para o restante do mercado, e vice-versa. Assim, você não deve assumir empiricamente que, se uma ação está subindo, quer dizer que ela está apresentando bons resultados ou um bom fluxo de notícias.

Isso tudo deve ser inerente a sua interpretação e análise. O mercado especula e antecipa (às vezes de forma correta, às vezes não). O preço, então, é reflexo do sentimento das pessoas sobre o futuro daquelas empresas.

Fato é que as pessoas estão sempre achando que conseguem prever o imprevisível, errando e se deixando levar mais pela emoção do que pela razão. Frases típicas desse momento são "está subindo muito, não posso ficar de fora disso!", ou, na ponta oposta, "está caindo muito, tenho que sair dessas ações o quanto antes!"

Jamais siga essa linha de raciocínio. Se seu cérebro ensaiar pensar algo do tipo, controle-se e faça uma análise mais racional, do tipo: "Por que as ações estão subindo tanto? Faz sentido? A empresa está mais bem posicionada para apresentar melhores resultados aos seus acionistas?" Ou: "Por que as ações estão caindo tanto? Será que o mercado não está exagerando nessa queda?"

Essas perguntas sempre serão mais pertinentes e te levarão a um caminho mais virtuoso. E já te digo de antemão que o mercado tende a exagerar dos dois lados, tanto para inflar o preço de uma ação quanto para errar na precipitação de uma eventual queda. Mas isso não quer dizer que você sempre tem que vender quando uma ação cai ou comprar quando ela sobe. Pelo contrário, você nunca conseguirá acertar os preços corretos de entrada e saída. Muito por isso, manter posição de longo prazo, em boas empresas, é o que tende a trazer os melhores resultados, mesmo que exista uma má precificação da ação no decorrer desse período.

Portanto, o que importa é você estar a par da situação e analisá-la friamente, pois isso pode te fazer refletir de modo mais assertivo, e a partir daí, sim, você poderá decidir o que fazer, respaldado e embasado.

RESERVA DE EMERGÊNCIA

Recentemente, um dos maiores gestores do mundo, Stanley Druckenmiller, disse que a crise do coronavírus ensinaria muitas pessoas a poupar mais, e, por consequência, a velocidade do movimento do dinheiro no médio prazo diminuiria. Isso me fez refletir sobre alguns pontos.

O primeiro é sobre a importância dada por um gestor dessa magnitude a essa questão, pois vai além da análise do macroambiente. Ele vai no individual, e a partir daí, sim, interpreta os impactos econômicos. Druckenmiller é um grande gestor, que, inclusive, teve papel ativo na famosa "quarta-feira negra", quando ele e George Soros apostaram na desvalorização da libra e acertaram. Fizeram US$1 bilhão na operação e quase quebraram o Banco da Inglaterra, fato que, inclusive, desencadearia uma série de eventos econômicos posteriores.

O segundo ponto é que, de cada quatro palavras que educadores financeiros falam, três são "reserva de emergência", e a outra é "tenha". Mesmo assim, muitas pessoas ignoram. Apesar de diversos desses educadores errarem em alguns aspectos, nesse eles estão completamente certos.

Não sei se as pessoas ignoram por ouvirem demais e acharem que é "balela" ou se simplesmente já querem ir para a parte mais "legal". Podem até mesmo achar que estão muito seguras e não precisam de reserva de emergência, mas o fato é que 90% dos brasileiros nem sequer guardam dinheiro para a aposentadoria. Com esse dado, passa a ser difícil imaginar que a reserva de emergência seja popular.

> **90% dos brasileiros não guardam dinheiro para a aposentadoria, diz estudo**
>
> Brasil fica em 43° lugar em ranking global de previdência, que revela dados preocupantes sobre a aposentadoria no país.

Fonte: Infomoney.

Que fique registrado mais uma vez: tenha sua reserva de emergência. Pegue seu custo mensal, multiplique por doze e guarde essa quantia em alguma aplicação segura, com liquidez, e de preferência que te proteja da inflação.

RELATIVIZAÇÃO

Eu não costumo falar sobre educação financeira do ponto de vista de gastos. O máximo que faço é falar que você precisa de sua reserva de emergência, porque acredito que isso é realmente necessário ser dito.

Mas nunca falei sobre como você pode, de fato, passar a juntar dinheiro. Na minha opinião, o melhor caminho é parar de relativizar seus gastos com outros gastos.

Exemplo: "Ah, eu vou gastar esses 10 reais aqui. Pra quem já gastou 100 com aquela besteira, isso não é nada! Não vai fazer diferença."

Sua mente tem que parar de relativizar e tem que passar a funcionar de acordo com o custo-benefício.

"Ah, eu NÃO vou gastar esses 10 reais aqui, porque o retorno que eu vou ter comprando isso não vale os meus 10 reais. Fora isso, já gastei 100 reais com uma besteira que vi e que me agregou muito pouco."

Trabalhar essa mudança de *mindset* já será suficiente para você começar a melhorar sua vida financeira.

Outra coisa é ter um objetivo bem claro.

Dinheiro serve para comprar. E não só produtos. Dinheiro também compra segurança, por exemplo. Dinheiro não tem como objetivo final ser guardado, mas é óbvio que o sacrifício que você faz hoje terá um retorno extraordinário no futuro, caso você tenha uma noção básica sobre investimentos. Os benefícios de acumular capital no longo prazo são incontáveis, mas os principais são:

1. Poder se aposentar de forma digna, algo que é improvável que o governo te possibilite.
2. Ter a maior segurança possível caso algo dê errado em sua vida.
3. Aumentar seu poder de compra ao longo do tempo.
4. Não depender de ninguém para te ajudar financeiramente.

A mudança de seu *mindset* relativista para um de custo-benefício atrelado, ainda, à profunda compreensão de seus objetivos te transformará em um poupador consciente.

A ideia é bem simples, basta falar uma vez. A pessoa absorve e coloca em prática, se quiser.

VOU COMPRAR UMA CASA!

A Bolsa de Valores é um lugar mais emotivo do que parece. Os preços variam no curto prazo conforme o sentimento das pessoas, o que, geralmente, ocorre em conjunto. Os preços de curto prazo são também influenciados por *traders* operando com base em vieses gráficos e em uma adrenalina louca. Os preços das ações no curto prazo são totalmente ineficazes em apontar o valor correto de uma companhia, mas são suficientemente capazes de tomar conta de nosso pensamento.

Se em um mês suas ações subiram 50%, você já se pega em uma especulação sem sentido sobre o que você fará com esse dinheiro quando subir mais 100%. Um apartamento talvez? Uma nova geladeira? Uma viagem? Essa é a traiçoeira mente do ser humano, geradora de expectativas mal embasadas.

Se em outro mês uma outra ação cai 50%, você já começa a pensar em como fará para pagar a faculdade de seus filhos, a se perguntar se uma viagem é realmente necessária e se deve realmente trocar sua geladeira.

Nós somos assim, nos deixamos levar por pequenos fatos que, muitas vezes, não fazem sentido. Isso tudo se perde em uma imensidão de pensamentos, ambições, desejos e sonhos. Principalmente quando estamos falando de dinheiro.

Quando o educador financeiro te fala que você deve colocar na Bolsa "apenas aquele trocado que não faz muita diferença na sua vida", apesar da simplificação, ele está falando uma verdade. A grande questão em pauta é que o que faz diferença na vida de um pode não fazer na do outro. Existem pessoas que levam uma rotina barata, não se estressam e não se deixam levar pelo ego que está escancarado dentro de nós e ao nosso redor. A consequência? Elas não sentem a necessidade de gastar com coisas supérfluas e conseguem se manter concentradas no que realmente importa, com menos objetivos e sonhos alarmantes e distantes. Para essas pessoas, o investimento em ações não é sinônimo de enriquecimento e de ganho rápido. Para elas, o investimento em ações é simplesmente o investimento em empresas.

Isso é para poucos. Quantas pessoas você conhece que são, em essência, como o Luiz Barsi? Provavelmente poucas ou nenhuma. Prova disso é que, quando perguntamos para alguém se continuaria trabalhando caso ganhasse na Mega-Sena, a reposta na maioria das vezes é um grande "não".

É difícil se desvincular da quantia financeira investida em empresas, mas uma coisa é fato: quanto mais você estuda antes de investir nelas, mais fácil fica.

Naturalmente, poucas pessoas conseguem ser diferentes das demais, porque isso requer esforço. Você precisa controlar suas expectativas e entender que o dinheiro que está investido em ações é o pior tipo de dinheiro para você fazer planos, já que a realidade econômica do país e das empresas não está associada à sua vontade de ir para a Disney. Além disso, o investidor se beneficia também de uma vida regrada e sem excessos. Afinal, querer parecer rico te deixa cada vez mais pobre.

As ações do Magazine Luiza passaram mais de cinco anos desacreditadas e largadas. Eu te garanto que quem tinha planos para o dinheiro investido em ações da varejista não teria visto seu patrimônio acompanhar a alta que surpreendeu até os mais otimistas.

Por fim, gostaria de responder a uma dúvida também muito usual: "Mas se você não tem objetivos predefinidos com o dinheiro, por que vai investir?" Essa é uma ótima pergunta e para a qual não há uma resposta universal. Só sei que essa linha de pensamento é a mais correta quando estamos falando em investir em empresas. Então, mesmo que você tenha objetivos de longo prazo para o dinheiro que está na Bolsa de Valores e não consegue se desvencilhar deles, tente, ao menos, não os cultivar.

CUSTOS

Um dos principais problemas das pessoas da minha geração (entre o final da geração Y e o início da geração Z) é querer demais sem estarem dispostas a arcar com as responsabilidades, que são consequências naturais de seus objetivos. Elas querem ganhar muito dinheiro e ter a falsa vida que é retratada em um blog, entretanto, não estão dispostas a arcar com custos para chegar lá.

Todo objetivo que colocamos em nossa vida vem com seus custos. Suponhamos que você queira ganhar muito dinheiro seguindo a carreira, aparentemente charmosa, de um executivo. Executivos de alto escalão de grandes empresas ganham muito bem e normalmente se vestem de maneira impecável. Eles, ainda, viajam muito, vão a reuniões nos lugares mais badalados do país e até mesmo do mundo. Isso tudo sem falar sobre todas as mordomias que são colocadas à disposição de um cargo de CEO, por exemplo. A grande maioria das pessoas entende uma vida desse modo que acabei de relatar como a vida ideal e, consequentemente, coloca esse objetivo como prioridade em suas respectivas vidas.

Mas todo objetivo tem um custo. Você está disposto a trabalhar de doze a dezesseis horas por dia? Você está disposto a sacrificar a participação na vida de seus filhos para atingir esse objetivo? Você está pensando só em seu sonho de ter a tranquilidade de navegar em seu próprio barco, ou também está levando em consideração toda a pressão que sofrerá no cargo que te proporcione um iate?

Custo é um conceito muito amplo. Na maioria das vezes, é associado a algo mais direto: para produzir um produto, eu tenho um custo de R$10.

Esse custo, outras tantas vezes, é algo que você não tem mas poderia ter, caso suas decisões fossem diferentes. Esse é o famoso custo de oportunidade. Ao trabalhar quinze horas por dia, você abdica de participar de maneira mais proativa de sua vida familiar em prol de ganhar mais dinheiro. Você poderia ser mais participativo caso tivesse um cargo com menor remuneração e menos tempo de trabalho. Nesse caso, não existe certo ou errado, é uma questão de decisão.

O custo de oportunidade é basicamente o que você deixa de ter/fazer por ter tomado uma decisão. É uma ideia que surge da escassez de recursos. Portanto, é também uma regra básica da economia. Não temos recursos infinitos na Terra, e certamente ninguém tem dinheiro e nem tempo infinitos. Por isso, sempre que fazemos alguma atividade com nosso tempo, estamos deixando de fazer outra. Isso é natural, é o jogo da vida.

Mas o resultado disso é que o custo de oportunidade é também o principal motivo de não existir nenhuma decisão perfeita. Sempre que você escolhe uma alternativa, está deixando de lado outra. A grande maioria das pessoas não reflete sobre isso, e talvez essa característica seja ainda mais acentuada na minha geração.

Você sempre deve analisar os custos em todas as áreas de sua vida. Com seus investimentos, não poderia ser diferente. Muitos investidores ignoram a estrutura de custos de uma empresa antes de investir em ações dela. Esse é um erro básico e cometido por grande parte dos iniciantes na Bolsa de Valores por ser algo mais complexo de ser analisado. A principal dica que dou nesse caso é a seguinte: compare. Compare os custos de uma companhia com as de seus concorrentes, pois isso te dará uma noção de eficiência na produção. Aproveito para enfatizar que, sempre que você aloca seu dinheiro em uma ação, naturalmente está deixando de alocar em outra ação, e por isso é tão importante comparar. Seu objetivo é fazer a melhor escolha. É sempre sobre decisões.

Outro aspecto importante é comparar não apenas empresas, mas também projetos. Na hipótese de uma companhia optar por utilizar uma verba em um projeto com uma taxa de retorno menor do que o acionista teria se investisse ele mesmo esse dinheiro, essa decisão não me parece ser tão interessante. Seria melhor que a empresa distribuísse a verba do projeto para seus sócios. Novamente, é sempre sobre decisões.

Desse modo, quando for investir na Bolsa de Valores, não seja um jovem da geração Z, deslumbrado pelo aparente glamour do mercado e os luxos que ele aparentemente proporciona. Investir é tomar decisões, e isso não é fácil. Lembre-se: para todo objetivo existe um custo, e se você quiser ganhar dinheiro na Bolsa, terá que estudar bastante.

O QUE O DINHEIRO COMPRA?

O maior erro cometido na relação entre as pessoas e o dinheiro é não ter bem definidos seus objetivos. Quem nunca ouviu a famigerada frase "dinheiro é apenas um pedaço de papel. As pessoas é que dão o valor a esse papel". Pois então, qual é o valor que você dá para esse papel? Eis a questão.

Para alguns, dinheiro é uma prisão. Continuam trabalhando em um lugar de que não gostam com o intuito de consumir, repetidamente, o que querem. Para mim, isso não é liberdade. Isso é estar preso em um ciclo. Minha relação com o dinheiro é pautada única e exclusivamente na liberdade. O objetivo do dinheiro é comprar liberdade. Comprar a liberdade geográfica, de poder morar onde você quiser, e principalmente a liberdade de poder ajudar e de não depender da boa vontade de terceiros para te ajudar.

Estar na posição de poder ajudar e de não precisar de ajuda financeira é o pilar para se libertar desse círculo vicioso em que a grande maioria das pessoas vivem, recebendo um salário sem o qual não conseguem viver e implorando permissão para fazer coisas simples, como tirar um intervalo do trabalho para caminhar. Um versículo bíblico no livro de Provérbios define maravilhosamente bem a ideia que quero passar: "O rico domina sobre os pobres, e o que toma emprestado é servo de quem empresta."

Fugindo da questão das dívidas e refletindo mais sobre a doação, podemos chegar à conclusão óbvia de que é muito melhor estar na posição de ajudar do que na de quem precisa de ajuda. Não para se sentir soberano, e sim para a possibilidade de ter um impacto positivo sobre os que te cercam e os que te amam, algo que poderia não acontecer caso fosse você quem precisasse de ajuda financeira ou não tivesse tempo para ajudar quem precisa de sua ajuda. Dizem que tempo é dinheiro. Estão amplamente enganados. Tempo é muito mais que dinheiro, é liberdade.

E não confunda liberdade com não trabalhar, uma coisa não tem nada a ver com a outra. A tal liberdade financeira deve ser conquistada. Inclusive, trabalhar até mesmo em um lugar de que você não gosta é normal, e eu diria que faz parte da vida e da aprendizagem. O que não deveria fazer parte de seu cotidiano é se esquecer de que o máximo que o dinheiro pode comprar não é nenhum bem material, e sim a liberdade. Ao acreditar e focar isso, te garanto que todos os gastos desnecessários que você teria se converterão em mais dinheiro no futuro, ou seja, em mais liberdade ao te dar a possibilidade de trabalhar em um ambiente que te proporcione mais flexibilidade, o que te dará a chance de tentar ganhar dinheiro de outra forma, e se for do seu interesse, pode te dar tempo para fazer o que você bem entender. Portanto, trabalhe, trabalhe muito. Mas trabalhe para ter liberdade, e não para fazer planejamentos mirabolantes para trocar de carro todos os anos ou ficar sonhando com sua aposentadoria. Foque ser livre o quanto antes.

Parafraseando Freud em um de seus ensaios mais importantes, *O mal-estar na civilização*, não existe uma regra definitiva para se alcançar a felicidade. Mas, convenhamos, deve ser mais fácil encontrá-la sendo livre do que preso em um ciclo embasado em aparências.

MINHA PRIMEIRA AÇÃO E UMA LIÇÃO

Até hoje me lembro bem do momento em que comprei minha primeira ação e de todo o processo que me levou a começar meus investimentos na Bolsa de Valores. Eu brincava em simuladores com meus amigos, a fim de competir para ver quem tinha os maiores retornos — algo que mais tarde aprenderia que não faz o menor sentido. Analisar retornos sem analisar riscos é como analisar um carro sem analisar seu motor.

Enfim, nessas brincadeiras de simulação, comecei a me fascinar com as variações nos preços das ações, e como todo bom iniciante em Bolsa, comecei a vislumbrar um meio de enriquecimento rápido e fácil, algo que, novamente, perceberia que não passava de uma fantasia criada na minha cabeça.

Enchia as paredes do meu quarto de gráficos de ações impressos do *Yahoo Finance*, na ilusória sensação de que eles representavam algo significativo.

Mas foi nesse contexto, em uma combinação entre dois gráficos praticamente iguais, que surgiu a ideia e posteriormente a execução de minha primeira ordem de compra na Bolsa de Valores. Os gráficos em que encontrei semelhanças nítidas eram respectivamente das ações da Suzano e do dólar. Eram praticamente idênticos. Quando o dólar subia, as ações da Suzano pareciam seguir pelo mesmo caminho, e vice-versa.

Naquela época, em meados de 2014, ouvia falar, em almoços de família, e lia em sites que o dólar corria iminente risco de explodir devido às trapalhadas do governo Dilma e o consequente aumento do chamado risco Brasil. Novamente cometi um erro: prever o caminho do dólar é algo tão imprevisível quanto era a presidente à época.

Talvez o maior erro tenha sido comprar ações da Suzano sem nem saber o motivo dessa correlação entre as ações e o dólar, principalmente apostando em uma valorização do dólar, uma das variáveis mais imprevisíveis do mercado. O câmbio é tão imprevisível que as pessoas mais credenciadas e com mais experiência para falar do assunto divergem nesse quesito. No entanto, lá ia eu, com meus 15 anos, comprar ações da Suzano na expectativa da valorização do dólar.

Eu não sabia o que estava fazendo, não fazia a mínima ideia de que a Suzano era uma exportadora, que o preço de sua *commodity* é cotada em dólar e que, por isso, existia essa correlação. O dólar alto, com o preço estável do papel e da celulose e com uma demanda igualmente estável, teria como impacto uma maior receita em real sem maiores custos operacionais.

Você deve entender do que realmente se trata a Bolsa de Valores: conhecimento. E um dos maiores conhecimentos que você pode ter é não incorrer nos erros dos quais já te alertaram e sempre ser sincero consigo mesmo sobre seu conhecimento.

Conhecimento é algo infinito. Quanto mais você estuda, mais próximo fica de compreender que não sabe de nada (perdão pelo clichê, mas é verdade).

A história da Suzano que acabei de contar é um caso claro de "não invista no que você não conhece e seja sincero ao questionar seu conhecimento sobre determinado assunto".

NINGUÉM NASCEU PARA INVESTIR NA BOLSA DE VALORES

No Capítulo 15 do livro *Big Mistakes*, Michael Batnick faz uma das mais espetaculares analogias que já li sobre a filosofia por trás da Bolsa de Valores. A reflexão é a seguinte: se pegarmos todo o tempo de existência dos seres humanos e colocarmos dentro de um dia — 24 horas —, a tão utilizada Teoria do Portfólio, de Harry Markowitz, teria surgido faltando aproximadamente faltando dois segundos para a meia-noite, ou seja, às 23h59m58. Essa analogia foi feita primariamente por Michael Mauboussin, mas utilizada com excelência por Batnick. De qualquer modo, conseguimos perceber os motivos pelos quais a maioria dos investidores costuma perder muito dinheiro na Bolsa de Valores. Eles não foram feitos para isso, pelo simples fato de serem... seres humanos.

Nós não estamos geneticamente preparados para a Bolsa de Valores. Se fizermos as contas utilizando como referência a analogia anterior, a Bolsa de Valores teria aparecido aproximadamente às 23h59m54s. Nossa espécie passou a maior parte do tempo de sua existência buscando única e exclusivamente a sobrevivência. Em uma situação de estresse, dificilmente agiríamos de outra forma que não seja visando a sobrevivência. Nós estamos geneticamente programados para isso, todavia, na Bolsa de Valores pode ser que você tenha que se recondicionar para conseguir ter sucesso.

Outro exemplo que costumo utilizar é sobre cachorros. Eu sei, foi uma mudança brusca de exemplo, mas fará sentido (eu espero). Quando uma família procura por um cachorro, parte fundamental dessa decisão é entender como o animal está pré-programado geneticamente. Se você não quer que o cachorro lata muito, uma raça que sempre foi utilizada e treinada para emitir alertas desde séculos atrás, como o shih-tzu, não será a melhor opção. O mesmo vale se você não quer um cão que tenha que ser educado para não morder tornozelos, mas adotar um pastor alemão, historicamente utilizado para pastoreio. Não vai funcionar, a não ser que haja uma constante rotina de adestramento para fazer com que o cachorro diminua esses hábitos que o acompanham por gerações.

Então, assim como é necessário entender a história de uma raça de cachorro para assimilar melhor suas atitudes e facilitar o processo de educação, você também precisa compreender o histórico do ser humano para combater comportamentos indesejáveis. Não apenas para a Bolsa de Valores, mas para tudo. A grande questão é que a maioria das atitudes que você precisa tomar para ser um bom investidor não está em nosso histórico. É difícil ter serenidade em momentos decisivos porque somos programados para sobreviver.

É por isso que, quando a Bolsa de Valores está caindo, a maioria das pessoas tende a fazer resgates, com o intuito de preservar o que lhes restou ou simplesmente na ilusória sensação de parar de perder. Assim como o cachorro não tem a noção de que está te machucando (e não te guiando) ao morder seu tornozelo, o investidor não sabe que essa é uma atitude totalmente programada e uma característica fundamental da nossa espécie, e se ele não for educado, continuará fazendo a mesma coisa e perdendo dinheiro.

A CULPA É DAS BRUXAS

Certa vez, a brilhante Margareth Thatcher disse as seguintes palavras: "Não existe essa coisa chamada de sociedade. Existe uma trama viva feita de homens e mulheres, e a qualidade de nossa vida dependerá de quanto cada um de nós está preparado para assumir a responsabilidade por si mesmo." Essa frase é muito marcante e mostra bem a importância de assumirmos responsabilidades, algo muito difícil para nós humanos. O mito das bruxas é um caso que ilustra muito bem essa dificuldade.

Passamos mais de mil anos com a ideia de que existiam bruxas no mundo, e essa concepção era aceita pela vasta maioria da sociedade. As mulheres chamadas de bruxas foram perseguidas não apenas durante a idade média, mas antes, na Antiguidade, e depois, na Modernidade.

Essas mulheres foram perseguidas e queimadas por motivos como o surgimento de epidemias, os plantios malsucedidos e quase qualquer coisa que saía errado em uma sociedade. Isso sob o pretexto de que elas orquestravam tudo isso em seus rituais e jogavam pragas na sociedade.

E sabemos hoje, com certo grau de precisão, que o principal motivo para a concepção da ideia de bruxas se dava pelo fato de existirem outras religiões com as quais a Igreja Católica, na época, não compactuava. A partir daí, surge um preconceito gigantesco em uma sociedade pouco desenvolvida, em que a saída para a discordância religiosa era queimar os chamados "hereges", sobre quem toda a culpa para o mal daquela sociedade cairia, mais especificamente sobre as mulheres que, além de "hereges", eram solteiras. Posteriormente, durante o romantismo, toda essa ideia foi difundida com aspectos sensacionalistas e se conserva, em forma de mito, até hoje.

Por que estou te contado essa breve história sobre as bruxas? Por dois motivos: o ser humano sempre tem a necessidade de transferir a alguém a responsabilidade por algo que dá errado e tem extrema dificuldade de assumir erros.

Na Idade Média, se uma epidemia surgisse, era culpa das bruxas; se alguém morria, a culpa também era delas; se a colheita de uma safra falhasse, não podia ser diferente, obviamente a culpa era das bruxas. Bruxa era sinônimo de culpa.

Hoje em dia, o ser humano desenvolveu técnicas mais avançadas para passar a responsabilidade para outra pessoa. Freud chegou com um prato cheio para quem interpreta mal seus textos e gosta de sempre repassar a responsabilidade para a frente. Hoje, o que está mais na moda é culpar os pais pelo próprio fracasso. Não que Freud tenha dito isso, mas as pessoas acabam tirando essas conclusões, porque não há nada melhor do que passar responsabilidades para a frente, não é mesmo?

Agora, adentrando os investimentos, a ideia é a mesma. Muitos dos que erram ao ter retornos ruins querem sempre explicar esses resultados com fatores exógenos. Uma típica frase desse contexto começa com "ah, a empresa entregou péssimos resultados" ou "não tinha como eu prever isso", e nunca com "eu errei, porque sabia que deveria preparar minha carteira para se/quando isso ocorresse" ou "eu errei, porque eu deveria ter estudado mais essa empresa".

O ser humano é um transferidor de responsabilidade ambulante.

Em contrapartida, ele também é um ser reflexivo, que consegue melhorar e fazer as correções necessárias quando algo sai dos trilhos. O caminho da aprendizagem, diferentemente do que muitos falam, não é errar, e sim fazer uma reflexão sobre o erro. Errar, por si só, não te leva a lugar nenhum. Ninguém deveria romantizar o erro, mas sim mostrar que ele acontecerá e que o primeiro passo para você adquirir mais conhecimento é assumir e refletir sobre o erro.

Assumir que errou é diferente de se culpar eternamente por aquilo. Eu acredito que a culpa não te leva a lugar nenhum. Um investidor que errou e começou a se culpar de todas as formas provavelmente nunca mais investirá em nada, morrerá com o dinheiro na poupança. Em contrapartida, um investidor que errou, assumiu a responsabilidade e refletiu sobre o erro, buscando mais conhecimento, provavelmente voltará a investir, e mais preparado. Culpar a si mesmo e assumir a responsabilidade são conceitos totalmente diferentes. Você não precisa assumir a culpa, mas sim a responsabilidade, já que a primeira é a fonte do drama, e a segunda é a chave para o aprimoramento.

Seja o tipo de investidor que não culpa as bruxas, assuma a responsabilidade e aprenda, mas não fique se lamentando demais, pois esse sentimento de culpa em forma de lamentação te fará ficar estagnado.

NÚMEROS

A análise de ações envolve diversos aspectos. Um deles, sem dúvida nenhuma, é a parte numérica, onde fazemos projeções dos próximos resultados da empresa e de seu fluxo de caixa para conseguirmos ter acesso ao valor justo aproximado de suas ações.

O filósofo e matemático Pitágoras acreditava que a essência (também chamada de *arché*) dos seres são os números. Essa estrutura matemática e as diversas questões derivadas dela seriam a essência de tudo. Para ele, os números apontam a diferença entre as pessoas, entre os objetos e a natureza. Assim, os números representam a ordem e a harmonia.

Por mais que Pitágoras tenha sido um gênio e a escola pitagórica tenha influenciado diversos campos do conhecimento, entre os mais notáveis a matemática, a música e a astronomia, sua visão definitivamente apresenta caráter menos relevante do ponto de vista de análise de empresas. A essência de uma companhia não são os números.

Eu nunca concordei com a análise pitagórica de uma companhia. As empresas são muito mais que os números que divulgam. Concordo plenamente quando dizem que o resultado apresentado é uma ilustração do trabalho das pessoas. Sendo assim, seria pouco útil ter um valor justo teórico de uma empresa sem saber para onde a sua gestão está apontando e principalmente sem entender se eles têm a capacidade de entregar os resultados que são considerados positivos e coerentes naquele contexto.

Antes que os filósofos de plantão me respondam "mas para Pitágoras, a essência do ser está em sua estrutura matemática, então, se as pessoas entregam os resultados, tudo são números", gostaria de pedir que peguem a reflexão de bom grado, e se não gostarem, mandem uma mensagem para o departamento comercial (que não existe).

Em todo caso, é importante entender que a Bolsa de Valores, diferentemente do que muitos acreditam vendo de fora, não é apenas sobre números. A parte matemática que você deve saber para investir é básica, e qualquer um tem a capacidade de compreender. O que diferencia um investidor são outras características, como a curiosidade, que te levará a ser uma pessoa investigadora. O investidor deve gostar de ir atrás de dados sobre o mercado de uma determinada companhia, de informações sobre os gestores, e especialmente entender o negócio da empresa de que ele está se tornando sócio.

Para finalizar, uma curiosidade sobre Pitágoras: quando comecei a estudar um pouco melhor suas ideias e sua vida, descobri que ele sofreu perseguição política na Grécia e acabou se mudando para Crotona, no sul da Itália. Foi lá, na região também conhecida como "Magna Grécia", que ele fundou uma sociedade que seria, em uma versão mais moderna, um "clube", de caráter filosófico, religioso e político, onde os membros não poderiam comer feijão. Visto que sou um grande defensor daqueles que, como eu, odeiam feijão, adorei a ideia de um clube em que pessoas que comem feijão não são bem-vindas. Caso você tenha interesse em me auxiliar nessa empreitada, favor entrar em contato.

EXPECTATIVA E INTENSIDADE

Nos lugares mais frios do mundo, a vida se encontra onde menos esperamos. Os plânctons, dependendo de sua classificação, podem ser bactérias, animais ou algas. Apesar de uma definição pouco específica e muito ampla, são eles que conduzem a produtividade primaria nos mares e principalmente nos lugares mais gelados do mundo.

Por exemplo, os peixes de menor porte se alimentam de plâncton autotróficos, e esses peixes servem de alimento para peixes maiores, e assim segue a cadeia alimentar dos oceanos. A moral disso é que em ambientes muitas vezes inóspitos para os seres humanos existe um ecossistema cuja base é um organismo que sobrevive por conseguir sintetizar o próprio alimento. Basicamente, eles sustentam toda uma diversidade de espécies por simplesmente serem o que são. Não é uma opção.

Todo o ecossistema dos investimentos é diretamente dependente da expectativa. Conforme a expectativa média dos investidores muda, a Bolsa sobe ou desce, os juros futuros podem ter elevação ou descensão. Se os investidores estão em sua maioria otimistas, a Bolsa tende a subir, e os juros futuros tendem a cair. Caso contrário, a Bolsa tende a cair, e os juros futuros, subir. A expectativa se movimenta com a mesma facilidade com que o plâncton serve de alimento. Contudo, existe algo que sempre me incomodou na Bolsa de Valores, que é a intensidade. Tudo é muito intenso. Uma boa notícia tem um peso maior do que deveria ter, e é assim também com uma má notícia.

Essa intensidade, acredito eu, é algo que deixa muitas pessoas (principalmente os investidores iniciantes) em um estado de dúvida misturado com adrenalina. Essa reação também é perfeitamente natural, e a decisão que muitas vezes é tomada nesse contexto, apesar de ser equitativamente natural, leva o investidor a aprender sua primeira lição. Que ocorre, obviamente, após perder dinheiro.

No primeiro momento, pode parecer que devemos antecipar a expectativa do mercado, pois é assim que é possível ganhar dinheiro na Bolsa. Esse sentimento, que conta com a ajuda e difusão de diversos analistas e influenciadores de finanças, não passa de uma falácia. Infelizmente, é impossível prever o caminho a ser percorrido pela Bolsa de Valores. Não tenha a arrogância de tentar interpretar qual será a expectativa média das pessoas em torno de possíveis futuros acontecimentos. São muitas variáveis envolvidas. Não funciona.

O que realmente faz sentido é você tentar tirar proveito da insana intensidade que conduz a Bolsa de Valores. Essa intensidade, tanto para a queda quanto para a alta, é onde será possível se diferenciar dos demais investidores, pois são eles que são os maestros dessa loucura que se traduz em volatilidade. Diferentemente do plâncton, você tem a capacidade de se proteger e de não financiar esse ecossistema que alimenta tal intensidade, e ainda por cima, de bônus, você terá uma rentabilidade melhor. Lembre-se sempre: a expectativa move a Bolsa, a intensidade a conduz. Seu objetivo deve ser sempre focar a condução e ser mais ponderado do que a maioria. Pode até não parecer, mas, acredite em mim, essa é uma tarefa difícil.

Ninguém entra na Bolsa de Valores, por exemplo, querendo perder dinheiro. Mas, mesmo assim, é o que mais acontece. É difícil fazer nossas intenções serem concretizadas; o príncipe Míchkin, do livro O idiota, de Dostoiévski, que o diga. Apesar de sua bondade e humildade verdadeiramente cristãs, suas atitudes quase nunca se concretizam em um resultado esperado. A conclusão dessa mesma obra passa longe de uma interpretação simplista como "de nada adianta fazer o bem" e está mais para o lado de outra interpretação simplista, mas mais condizente, como "devemos fazer o bem da forma correta, já que só intenção não basta". E, acredite se quiser, intenção e execução também não bastam. O que interessa é ter a boa intenção e realizá-la de modo bem-feito, para que você tenha a possibilidade de continuar colocando sua intenção em prática, já que uma boa intenção implementada de forma equivocada logo encontra seu fim.

DISCURSOS ENCANTAM MAIS QUE RESULTADOS

As pessoas se importam com as narrativas, mas a realidade só se preocupa com a verdade e os resultados. Esse conceito é o cerne de um capítulo do livro *Antifrágil*, de Nassim Taleb, chamado "A falácia da madeira serrada verde", na tradução literal.

Taleb é um verdadeiro gênio. Ele consegue escrever e juntar diversos pensamentos que provavelmente já tivemos durante nossa vida, de forma conjunta e bem elaborada, e muitas vezes comprovados. Esse conceito que trago aqui pode fazer você mudar sua perspectiva sobre alguns temas.

Taleb, nesse capítulo, conta a história de um homem chamado Joe Siegel, um dos maiores *traders* de uma *commodity* chamada de madeira verde. Joe tinha resultados inegáveis, era verdadeiramente bom no que fazia. Em contrapartida, havia outra pessoa que estudava freneticamente as teorias mais complexas do mercado de madeira verde e que dizia entender como eram formados os preços da *commodity* e todos os motivos de todas as variações. Em uma conversa entre os dois, o "especialista" percebeu que Joe não sabia que a madeira, na realidade, não era pintada de verde e nem nada do tipo, e que, na verdade, esse era o nome que davam para a madeira fresca.

A conclusão é simples: o tal "especialista" pode até ter achado Joe um ignorante, mas Joe sabia de diversos assuntos sobre os quais ele não tinha conhecimento. Mesmo sem teorias tão complexas, tinha resultados consistentemente melhores que os *experts*. Logo, quando você acha que alguém é ignorante, muito provavelmente o ignorante é você.

Algumas pessoas tendem a superestimar suas próprias capacidades e seus conhecimentos, frequentemente pouco práticos, e não compreendem como os "ignorantes" estão tendo mais resultados que elas mesmas. E trazendo um outro conceito de Taleb, um verdadeiro *"skin in the game"* não liga para o que sabe, mas sim para o que realiza.

Seres humanos tendem a ficar mais fascinados pelos discursos de uma pessoa do que pelos resultados desse mesmo indivíduo. Você pode até achar que não, mas muito provavelmente você também se encanta mais com o discurso do que com a realidade.

O que realmente funciona no mundo real muitas vezes não corresponde ao que é colocado nos discursos que visam esclarecer o porquê de funcionar. O famoso técnico de tênis Vic Braden certa vez realizou um estudo que mostrou que nenhum dos melhores jogadores do mundo conseguia explicar de forma consistente os motivos que os faziam tão bons. Segundo o treinador, os melhores jogadores do mundo davam respostas diferentes a cada vez que eram perguntados ou simplesmente davam respostas insignificantes. Ou seja, você ouvir alguém que apresentou diversos bons resultados durante a vida não necessariamente te ajudará a chegar ao mesmo lugar ao qual o palestrante chegou. Normalmente, em um bom discurso, os detalhes insignificantes acabam sendo narrados de maneira épica e, consequentemente, seduzindo e passando a falsa impressão de que você compreendeu todo o caminho trilhado por aquela pessoa.

Você provavelmente já viu aquele(a) palestrante que se apega a alguns triunfos durante sua fala, aquela pessoa que encanta na retórica, que tem uma história de vida muito bem definida, que até aparenta ser ensaiada, com um *storytelling* muito bem definido.

Quem nunca se deparou com uma palestra incrível que aparenta te encher de conteúdo? Esse sentimento é natural, mas a fala é diferente da realidade. O discurso encanta mais que o resultado.

A todo momento vemos pessoas com menos resultados, mas que têm mais palanque do que aquelas com mais resultados. Por quê? O discurso de uma pessoa que tem resultado pode encantar menos que o de uma pessoa que não tem resultados, o que não faz sentido. Você vai a uma palestra para ouvir quem realizou, e não quem tem palavras bonitas, pois se fosse o caso, bastaria ler um belo poema de Vinicius de Moraes.

Muitos dos que têm resultados nem se atrevem a passar uma fórmula mágica para o sucesso. Eles sabem que sua trajetória tem influência de diversos fatores ou não se atrevem a narrar essa história, pois nem mesmo sabem por onde começar a explicar os resultados que tiveram. Esses, apesar de sinceros e por mais que tenham realizado muito durante suas trajetórias, podem fazer uma palestra menos empolgante do que um iniciante.

Para Taleb, empreendedores, em essência, executam. Não se deve medir a capacidade de um sujeito de empreender pela capacidade de comunicação que ele tem.

Agora vamos para outra pergunta. Você já foi a uma palestra de uma pessoa que inquestionavelmente sempre obteve ótimos resultados, mas cuja fala não te encantou? Você achou a pessoa com um discurso fraco e que te agregou pouco?

Taleb diria que, quando julgamos as pessoas como ignorantes, na realidade, nós é que somos ignorantes. Você não pode medir a capacidade de um empreendedor pelo modo como ele se comunica em um palco. Esse é um método de avaliação totalmente sem sentido. Habilidades distintas requerem avaliações distintas.

Grandes realizadores podem, sim, ser ótimos palestrantes. Uma coisa não invalida a outra. Às vezes, as habilidades se cruzam. Entretanto, ele é um grande realizador porque realizou, e não porque se comunica bem ou tem alguma fórmula para o sucesso.

Contudo, o que mais vemos por aí são sofistas que realizam pouco, falam muito e terminam suas palestras com conceitos totalmente distorcidos de *skin in the game*", que é o oposto do que eles fazem. Sempre esteja mais focado na realidade do que no discurso.

NARRATIVAS

Quem nunca viu um daqueles filmes em que você subitamente se vê torcendo para que um roubo dê certo ou até mesmo para que o personagem principal consiga uma vingança fria, calculista e mortal contra alguém? Isso não acontece porque você realmente acredita que roubos devem acontecer ou porque é a favor de todo tipo de vingança.

Na realidade, a narrativa do filme é elaborada para te convencer de que essa infração é cometida por um bem maior. O cara do roubo está indo atrás das joias de uma pessoa detestável. Já a personagem da vingança teve sua família sequestrada, por exemplo.

Quando você começa a investir na Bolsa, alguns fenômenos como esses começam a coexistir. Sempre estão sendo criadas novas narrativas que se apegam a detalhes, e não ao todo, com o objetivo de justificar a aquisição ou venda de determinadas ações.

Narrativas tendem a te hipnotizar e tirar seu foco do todo, fazendo com que você acredite piamente que aquilo que foi contado é uma verdade absoluta. Assim como você torce para que um roubo aconteça no filme mesmo sabendo que isso fere seus princípios, também compra uma ação mesmo sabendo que a empresa é ruim.

Eu, pessoalmente, vejo isso acontecendo o tempo inteiro, e o melhor antídoto para essas narrativas é aumentar seu senso crítico. Se estiverem falando que uma empresa é uma boa porque conseguiu renegociar a dívida, confira qual o custo dessa dívida. Se falarem que essa empresa é a alternativa do momento porque mudou a diretoria, procure saber qual o histórico dessas pessoas que assumiram a companhia. Se ainda comentarem que tal companhia é uma ótima porque ela negocia a poucas vezes os lucros, averigue os motivos por trás disso.

Nunca confie seu dinheiro ao criador de narrativas, e se quiser ver uma boa história, vá ao cinema. Será mais divertido e barato.

ANÁLISES

No universo da Bolsa de Valores existem duas grandes correntes de análise de ativos. A primeira é a Análise Fundamentalista, em que você opta ou não por investir em uma ação embasado nas qualidades e nos defeitos dessa empresa e buscando, primordialmente, companhias com fatores que corroboram para que ela gere retorno para seus acionistas no longo prazo. Exemplo: entender as vantagens competitivas, a precificação de produtos, o crescimento do mercado de atuação, a competência da gestão, estrutura de capital e gestão de custos.

Em contrapartida, existe outro tipo de método, que é a Análise Técnica. Ela é embasada em fatores gráficos. Para os analistas técnicos, a movimentação gráfica aliada ao estudo do volume de transações e de ferramentas estatísticas pode determinar o momento de compra de uma ação, mesmo que você não saiba absolutamente nada sobre a empresa por trás desse papel.

A Análise Fundamentalista é a utilizada pelos investidores de valor, que são aqueles que se utilizam das informações sobre a empresa para encontrar o valor justo a ser pago por uma fração dela. Esse processo de atribuição de valor é chamado de *Valuation*. A partir do momento em que o investidor de valor faz essa estimativa, que ele julga ser o preço justo, ele também a compara com o preço da empresa no mercado (preço das ações). Se o valor que ele estimou e que julga ser o correto está abaixo do preço de mercado, essa é uma empresa em que ele não investiria. Caso contrário, ele acredita que vale a pena aprofundar ainda mais seus estudos e, por fim, tomar sua decisão pelo investimento.

Não é algo simples de ser feito, muito pelo contrário. Dificilmente era possível prever que o Google se tornaria o que se tornou, por mais que hoje pareça óbvio e que o real valor sempre estivesse com seus fundadores e suas respectivas visões. Mas mesmo que você soubesse desse pioneirismo dos criadores, o sucesso é muito mais profundo do que isso. Por mais geniais que eles fossem, o navegador do Google, o Google Chrome, exemplifica bem a complexidade do assunto. Ao competir com o Internet Explorer, que pertence à Microsoft, a maior produtora de softwares do mundo, eles já saíram em uma terrível desvantagem competitiva. Contudo, isso não impediu que o Chrome se tornasse o navegador mais utilizado do mundo. Inclusive, o Google do passado dificilmente poderia ser considerado um caso de investimento de valor, já que tudo que eles tinham eram o potencial e a análise tradicional, atrelada a lucros e patrimônio, o que faria com que a compra daquelas ações não fosse indicada. O que me leva a mais uma conclusão sobre a análise fundamentalista: ela é dinâmica, está sempre mudando. Isso, diferentemente do que muitos podem achar, é uma de suas melhores qualidades. Quando o mundo muda, sua visão também deve ser atualizada de acordo, sempre com uma mentalidade ponderada e nunca gananciosa. Em essência, isso é uma análise fundamentalista.

Enfim, como é possível perceber, essa não é uma análise simples de ser feita, mas te entrega a possibilidade de jogar com o tempo a seu favor e com a possibilidade de atrelar seu patrimônio às mentes mais brilhantes do mundo, o que, para qualquer pessoa com uma pequena dose de otimismo no futuro, é uma alternativa fantástica.

Adentrando agora a visão do analista técnico, por ele ter um viés gráfico muito forte, tende a ser associado aos *traders*. Os especuladores basicamente procuram oportunidades para ganho de curto prazo no mercado e, por isso, na maioria das vezes, jogam com o tempo contra eles. Os analistas técnicos têm um papel interessante na dinâmica de mercado, já que, por ficarem trocando de posições rapidamente, acabam aumentando a liquidez das ações e eventualmente corrigindo pequenas distorções do mercado. Apesar de que, em alguns casos históricos, eles já tenham aumentado as distorções.

Entretanto, segundo pesquisa da Fundação Getulio Vargas, a maioria das pessoas que adentram o mundo *do trading,* encantadas principalmente pelos gráficos, acaba perdendo dinheiro. Existem alguns fatores para que isso ocorra, e o principal deles é que o mundo não segue padrões gráficos. Interferências do âmbito macro, como decisões governamentais, política fiscal e monetária, câmbio e atritos políticos, não estão alinhadas ao que o gráfico indica que acontecerá. Questões relativas ao lado micro também não são conduzidas de acordo com a suposta direção apontada pelos gráficos. Ademais, o caminho percorrido pelos analistas técnicos para tirar vantagem de pequenas distorções do mercado ou de uma indicação gráfica é se alavancar para ter algum retorno relevante nessa pequena oscilação. Essa tal alavancagem para o investidor é o processo de pegar dinheiro emprestado na corretora para apostar mais do que se tem investido e, assim, caso a tese se concretize, ter um ganho maior. Acredito que não seja necessário explicar os grandes riscos que são corridos durante esse processo e que muitas vezes levam investidores à completa falência.

Entendo o fascínio dos iniciantes pelo mercado financeiro com a Análise Técnica. Eu já tive esse amor por gráficos, inclusive já achei que eles significavam alguma coisa. Hoje em dia, sei que um gráfico é o reflexo da realidade, e não o contrário. Não tiro a credibilidade e nem julgo os profissionais que vivem de Análise Técnica e especulando há anos no mercado de forma muito competente. Diferentemente de

Michel Sapin, ex-ministro das Finanças da França na década de 1990, não acho que os *traders* devem ser guilhotinados. Muito pelo contrário, acredito que a grande maioria deles acaba sendo levada por eles mesmos a esse destino.

Lembrem-se, os *traders* competentes e sérios existem, mas são poucos. Há um método muito mais adequado para a maioria das pessoas e que se baseia no primeiro método aqui mencionado. A Análise Fundamentalista é difícil de ser feita, envolve muito estudo, certa crença na sua visão de mundo e uma dose de boas previsões para que seu estudo e sua visão se concretizem, mas é o tipo de análise mais correta que você pode fazer ao começar a investir na Bolsa de Valores. É a mesma análise que você faz ao escolher um apartamento para comprar, com quem se casará, quem serão seus amigos, com o que gastará seu tempo e o que estudará na faculdade. É uma análise ampla, difícil de ser feita; existem pessoas que são boas nisso e outras não tanto, como tudo na vida. Mas é a análise que, se minimamente bem-feita, faz você ter o fator tempo a seu favor, já que tem a possibilidade de ter uma carteira de boas empresas com seu objetivo sendo o longo prazo, e não seu sustento e o de sua família durante o mês.

Assim como um bom tomador de decisões na vida, para você ser um bom investidor de valor é preciso se conhecer. Você precisará estudar, se atualizar e saber perder. Fundamentalmente falando, tudo tem um valor, monetário ou não. Contudo, para fazer disso algo útil em sua vida, você precisará ter a mente voltada para tomar as decisões corretas, e decisões corretas sempre vêm de valores. Mas que valores são esses? Valores matemáticos, de estimativas ou de princípios morais? Descobriremos juntos essa amplitude de valores.

COMO FUNCIONA UMA EMPRESA?

Existem diversos conceitos relacionados aos indicadores de uma empresa, sua estrutura de capital e a forma que ela se desenvolve. Muitos desses conceitos não passam de conceitos e às vezes ficam muito distantes da realidade prática para a maioria dos investidores. O modo mais fácil de você realmente compreender indicadores e múltiplos é compreendendo como funciona uma empresa. Portanto, vamos fazer uma simulação do desenvolvimento de uma companhia do zero até o seu quinto ano e como isso impacta a evolução de seus indicadores.

Por favor, ignore os valores irreais e fictícios e foque a ideia.

INTRODUÇÃO

Começarei meu novo negócio: uma barraquinha de cachorro-quente.

Ao começar meu empreendimento, precisarei de capital. Então suponha que minha empresa tenha 10 mil ações de início (que estão sob minha posse) e que eu emita mais 5 mil ações, diluindo minha participação na empresa, mas arrecadando R$1 por cada ação emitida e vendida a um investidor.

Dessa forma, eu cedi para o investidor 33% da minha companhia (15 mil/5 mil) em troca de R$5 mil para colocar minha barraca de cachorro-quente em funcionamento.

Nesse momento, minha barraca está avaliada em R$15 mil. Eu tenho 10 mil ações, porque fui eu que tive a ideia e tocarei o negócio, e o investidor tem 5 mil ações, que comprou pagando R$1 por ação. Assim, a empresa vale agora R$15 mil, sendo que eu tenho 67% dela, e o investidor tem 33%.

Mas eu preciso de mais do que os R$5 mil captados e então vou atrás de um empréstimo de R$2.500 pagando 10% ao ano de juros para o banco que me emprestou. Já que preciso de mais dinheiro para colocar meu negócio em funcionamento, a emissão de dívidas é uma saída melhor do que vender mais ações, uma vez que o custo de capital de terceiros é menor que o custo de capital próprio. Esse menor custo diz respeito ao risco assumido por cada um. O banco tem apenas o risco de crédito, enquanto eu (sócio) tenho o risco do negócio como um todo. Além disso, sou obrigado a pagar o banco mesmo que esteja no prejuízo (é um passivo exigível), mas não consigo me pagar nessa situação. Em contrapartida, o retorno em potencial é maior para o sócio (risco x retorno). Emitindo dívida, posso continuar possuindo mais ações de minha empresa, e caso ela dê certo (expectativa de todo empreendedor), terei mais participação no lucro que a companhia vier a dar.

Se analisarmos o balanço patrimonial da empresa nesse momento, teremos na parte dos ativos R$7.500 em caixa (R$2.500 da dívida mais R$5 mil da captação) e também R$10 mil, que seriam um ativo intangível, *o goodwill*.

Dado que as pessoas estão investindo na minha ideia e na minha execução, isso tem que ter uma contrapartida nos ativos, já que não desembolsei nada para o início do negócio. Essa contraparte é o *goodwill*.

Na parte do passivo, teremos R$2.500 (da dívida contraída), e no Patrimônio Líquido teremos R$15 mil, considerando que temos no capital social 15 mil ações, cada uma a R$1 (valor pago pelo investidor).

Balanço Patrimonial			
Ativos		Passivos	
Caixa	7.500	Dívida	2.500
Imobilizado			
Estoque		Patrimônio líquido	
Goodwill	10.000	Capital social	15.000
Total de ativos	17.500	Total de passivos	7.500

Esse é o balanço patrimonial antes do início do negócio. Mas, para o começo da barraca de cachorro-quente, precisarei fazer a aquisição de alguns bens e de estoque, supondo que preciso comprar cadeiras, mesas, decoração e todo o resto necessário para montar o meu empreendimento. Fazendo os orçamentos necessários, acredito que tudo isso tenha um custo de R$3 mil.

Além disso, precisarei de um estoque inicial de salsichas, pães e todos os outros ingredientes para fazer um cachorro-quente, e isso me custará R$1.800. Sobraram, assim, R$2.700 de caixa. E o balanço antes do início da operação passa a ser o apresentado a seguir:

Balanço Patrimonial			
Ativos		Passivos	
Caixa	2.700	Dívida	2.500
Estoque	1.800		
Imobilizado	3.000	Patrimônio Líquido	
Goodwill	10.000	Capital social	15.000
Total de ativos	17.500	Total de passivos	17.500

PRIMEIRO ANO

Fazendo uma suposição de que venderemos, no primeiro ano, 900 cachorros quentes por R$5 cada e estipulando que o custo para produzir um cachorro-quente seja de R$2, conseguimos estipular o custo das mercadorias vendidas.

Se acrescentarmos mais R$2.300 de despesa por unidade de barraca de cachorro-quente com água, luz, funcionários, entre outras, e calcularmos que tudo que foi gasto para montar a barraca (R$3 mil), entre cadeiras, mesas, decoração e outros itens, dure 5 anos, chegamos a uma depreciação de R$600 por ano (R$3 mil/5) e por barraca.

Assim, chegaremos no EBIT (lucro antes de juros e imposto de renda), como pode ser visto a seguir na DRE (Demonstração do Resultado do Exercício). Com o fechamento do balanço e do Demonstrativo de Fluxo de Caixa, a DFC, é possível ver como encerramos a operação no primeiro ano.

DRE Final – Primeiro ano	
Números de lojas	1
Cachorros-quentes vendidos	900
Preço do cachorro-quente	5
Receita	**4.500**
Custo das mercadorias	1.800
Despesas	2.300

(continua)

DRE Final – Primeiro ano	
Depreciação	600
EBIT	**-200**
Margem EBIT	-4%
Custo da dívida [juros]	250
Lucro antes de imposto	-450
Lucro líquido	**-450**
Lucro líquido por ação	-0,030

Fluxo de Caixa	
	Ano 1
Fluxo de caixa operacional	
Entrada líquida	-450
(+) Depreciação	600
Fluxo de caixa operacional	**150**
Fluxo de caixa de investimento	
Capex	3.000
Fluxo de caixa de investimento final	**-3.000**
Fluxo de caixa de financiamento	
Dívida emitida	2.500
Captação	5.000
Fluxo de caixa de financiamento total	**7.500**
Começou com	0
Terminou com	4.650
Resultado	**4.650**

Balanço Patrimonial	
	Ano 1
Ativos	
Caixa	4.650
Imobilizado	2.400
Estoque	–
Goodwill	10.000
Total de ativos	17.500
Passivos	
Dívida	2.500
Total de passivos	–
Patrimônio líquido	14.550
Por ação	0,970
Crescimento	

PROJEÇÃO DE 5 ANOS

Supondo que a cada ano, pelos próximos 5 anos, cresceremos a venda a 10% ao ano e que aumentaremos o preço do cachorro-quente em 5% ao ano. Ainda projetando o crescimento do número de barracas, conforme exposto a seguir, essa seria nossa receita nos próximos 5 anos.

Quanto à dívida, nos próximos 5 anos pagarei apenas os juros de 10% sobre a dívida, sem quitar o principal. Também pagarei um imposto de 18% sobre o lucro e não distribuirei dividendos.

Lembrando que a depreciação é por barraca, logo, conforme o número delas for aumentando, a depreciação seguirá esse aumento proporcional, como pode ser visto no seguinte resultado:

DRE Projeção					
	Ano 1	Ano 2	Ano 3	Ano 4	Ano 5
Número de lojas	1	2	3	4	6
Cachorros-quentes vendidos por loja	900	990	1089	1198	1318
Preço do cachorro-quente	5	5,25	5,5	5,8	6
Receita	4.500	10.395	17.969	27.791	47.437
Custo das mercadorias vendidas	1.800	3.960	6.534	9.583,2	15.812
Despesas	2.300	4.600	6.900	9.200	13.800
Depreciação	600	1.200	1.800	2.400	3.600
EBIT	-200	635	2.735	6.608	14.225
Margem EBIT	-4%	6%	15%	24%	30%
Custo da dívida (juros)	250	250	250	250	250
Lucro antes de imposto	-450	385	2.484,5	6.358	13.975
Lucro líquido	-450	320	2.062	5.277	11.599
Lucro líquido por ação	-0,030	0,0213	0,1375	0,3518	0,7733
Crescimento no lucro		-171%	545%	156%	120%
Margem líquida	-10%	3%	11%	19%	24%

No balanço patrimonial, podemos ver um crescimento do imobilizado na mesma proporção da abertura de novos estabelecimentos, que, para funcionar, precisam dos instrumentos anteriormente citados, como mesas, cadeiras e outros ativos imobilizados. Contudo, no início do primeiro ano, o imobilizado era de R$3 mil, e ao final, ele é de R$2.400, devido à depreciação de uma barraca no período de um ano (R$3 mil – R$600). E essa mesma lógica se seguiu para os anos seguintes. Por exemplo, no segundo ano, o imobilizado foi de R$4.200, já que são 2 lojas. A conta é o imobilizado do ano anterior de R$2.400, já levando em conta a depreciação, acrescido pelo imobilizado da barraca feita no ano e sua respectiva depreciação, ou seja, R$2.400 + R$3 mil – R$600.

Quanto ao caixa, ele se refere diretamente ao fechamento do Demonstrativo de Fluxo de Caixa (DFC).

Levando em conta que só pagaremos o custo da dívida (juros) nos primeiros 5 anos, a dívida se mantém a mesma. Já o Patrimônio Líquido cresce na mesma proporção do valor do lucro de cada ano.

Então, o balanço patrimonial ficaria assim:

Balanço Patrimonial					
	Ano 1	Ano 2	Ano 3	Ano 4	Ano 5
Ativos					
Caixa	4.650	3.170	4.032	8.709	17.908
Imobilizado	2.400	4.200	5.400	6.000	8.400
Estoque	-	-	-	-	-
Goodwill	10.000	10.000	10.000	10.000	10.000
Total de ativos	17.050	17.370	19.432	24.709	36.308
Passivo					
Dívida	2.500	2.500	2.500	2.500	2.500
Total de passivos	-450	320	2.062	5.277	11.599
Patrimônio líquido	14.550	14.870	16.932	22.209	33.808
Por ação	0,970	0,991	1,129	1,481	2,254
Crescimento		2%	14%	31%	52%

O Demonstrativo de Fluxo de Caixa começa com a última linha da DRE. Contudo, a depreciação não tem efeito caixa imediato, mas apenas contábil, já que não compramos 1/5 de mesa todos os anos, e sim uma nova mesa ao final do período de duração dela. Por isso, somamos a depreciação à entrada líquida, já que essa quantia provisionada para comprar novos ativos imobilizados ao final de 5 anos de uso não tem efeito imediato no caixa. Posteriormente, adicionamos a saída relativa aos investimentos em novas barracas, representado como CAPEX, que significa capital gasto em investimento em bens de capital.

Por fim, no Fluxo de Caixa de Financiamento, além da entrada do primeiro ano relativa à contração de dívidas e captação com investidores, poderia ser adicionado um fluxo negativo de R$250 por ano devido ao custo da dívida. Entretanto, a fim de facilitar o entendimento, esse valor já foi considerado na Entrada Líquida.

Assim, o Demonstrativo de Fluxo de Caixa, que relata tudo que entrou e saiu do caixa da empresa, ficaria assim:

FLUXO DE CAIXA					
	Ano 1	Ano 2	Ano 3	Ano 4	Ano 5
Fluxo de caixa operacional					
Entrada líquida	-450	320	2.062	5.277	11.599
(+) Depreciação	600	1.200	1.800	2.400	3.600
Fluxo de caixa operacional final	**150**	**1.520**	**3.862**	**7.677**	**15.199**
Fluxo de caixa de investimento					
Capex	3.000	3.000	3.000	3.000	6.000
Fluxo de caixa de investimento final	**-3.000**	**-3.000**	**-3.000**	**-3.000**	**-6.000**
Fluxo de caixa de financiamento					
Dívida emitida	2.500	-	-	-	-
Captação	5.000	-	-	-	-
Fluxo de caixa de financiamento total	**7.500**	**0**	**0**	**0**	**0**
Começou com	0	4.650	3.170	4.032	8.709
Terminou com	4.650	3.170	4.032	8.709	17.908
Resultado	**4.650**	**3.170**	**4.032**	**8.709**	**17.908**

O ROE (Retorno sobre o Patrimônio Líquido), que calculamos dividindo o lucro líquido pelo patrimônio líquido, no primeiro ano era de -3,09%, devido ao prejuízo. Já no quinto ano, beneficiando-se do crescimento da empresa, o ROE foi para 34,31%.

No quinto ano tivemos um lucro de R$8.611, e, como inicialmente o negócio fora avaliado em R$15 mil, isso dá um retorno (*Yield*) de 57,4%.

O retorno sobre o capital investido, que é calculado dividindo o EBIT pelo Patrimônio Líquido acrescido das dívidas, ficou na casa dos 39%, levando em conta que o Patrimônio Líquido do quinto ano foi de R$33.808, a dívida foi de R$2 mil e o EBIT foi de R$14.225.

A margem EBIT (EBIT/Receita) foi de -4% no primeiro ano para 30% no quinto ano.

Além disso, a taxa composta de crescimento anual (CAGR) da receita foi de 109% nesse período.

Todos esses números são fenomenais. Mas o principal objetivo de mostrar essa empresa fictícia para vocês é tirar algumas conclusões.

1. O investidor, que investiu os R$5 mil em troca de 33% das ações da empresa, ganhou muito mais do que o banco que emprestou capital na fase inicial do negócio. Mesmo cobrando uma taxa expressiva de 10% ao ano, o banco ganhou muito menos dinheiro que o investidor, pois correu menos riscos. Eu, que sou dono da empresa, percebo claramente que o capital de terceiros saiu muito mais barato do que se eu tivesse cedido mais ações em troca desse dinheiro.

Então o banco corre menos riscos, pois ele tem preferência no recebimento de seu dinheiro de volta. Caso minha empresa quebre e eu venda todas minhas barracas de cachorro-quente, o dinheiro dessa venda vai para o banco, e não para o investidor, que, por sua vez, ficaria com uma mão na frente e outra atrás.

Como o negócio deu certo, a melhor forma de ter aproveitado a evolução dos resultados seria como dono de ações, e não emprestando dinheiro. Já para o dono, a melhor forma de se financiar seria via capital de terceiros (empréstimos).

A conclusão aqui é simples: se você tem uma empresa que acredita que entregará bons resultados nos próximos anos, a melhor maneira de se beneficiar é mantendo essas ações no longo prazo. O risco é maior que o de quem empresta, mas o retorno em potencial também é maior.

2. Se o capital de terceiros é sempre mais barato que o capital próprio, por que empresas abrem seu capital na Bolsa de Valores via IPOs com o intuito de vender ações? Simples: normalmente, a empresa que faz seu IPO só o realiza se acredita estar recebendo o valor justo pela empresa. Sendo assim, o IPO é uma possibilidade de obtenção de capital para expansão, pagamento de dívidas de curto prazo e melhorias tecnológicas e de processos por um preço justo por ação, e muitas vezes sem abrir mão do controle da empresa.

Em alguns casos, o preço cobrado pelas ações de uma empresa que abre seu capital está além do valor justo, porque existem muitos custos inerentes à abertura de capital e à manutenção de suas ações listadas. Além disso, ao abrir capital, a empresa deve revelar diversas informações ao público e aos seus concorrentes, que antes eram privadas.

Obviamente, existem empresas que fazem IPO "com a corda no pescoço", precisando muito de capital para honrar compromissos. Elas se encontram em um momento difícil, precisando, assim, de dinheiro urgentemente, mas sem querer/poder se alavancar mais ainda. Contudo, vale ressaltar que um IPO nessas circunstâncias é incomum, pois na maioria dos casos, faltaria demanda.

Por esse principal motivo, eu não costumo investir em IPOs. Partindo do princípio de que a maioria das empresas só realiza seus respectivos IPOs por um preço que consideram justo, comprar as ações nesse preço te entrega poucas perspectivas de ganho.

Outro motivo muito comum para a abertura de capital é o sócio querer colocar dinheiro no bolso e, por isso, querer vender sua participação para outros investidores. Às vezes a empresa vale tanto que não é possível vender para um único investidor, e precisa ir para a Bolsa.

3. Por que as taxas de empréstimos são altas? Dez por cento ao ano realmente é um custo expressivo, mas tudo gira em torno da diferença positiva que o banco tem ao emprestar o dinheiro para um empreendimento de risco, em vez de emprestar para o governo, o que, em última instância, é o investimento mais seguro no mercado. A diferença do quanto o governo remunera perante o quanto ele cobra de juros pelo empréstimo que concedeu a uma empresa de alto risco é o que ele considera justo para correr esse risco mais elevado. Portanto, as companhias sempre pegam empréstimos com taxas maiores que as taxas de juros básicas de seus países, pois, salvo raras exceções, emprestar para uma empresa é mais arriscado do que emprestar para o governo e, portanto, cobra-se mais delas.

4. Quando você entende o que a empresa faz e entende o preço pelo qual está sendo negociada, o risco verdadeiro não é a volatilidade no preço das ações, e sim a possibilidade de a empresa não conseguir se desenvolver com o capital que ela tem a sua disposição e fechar ou reduzir drasticamente suas operações.

COMO ANALISAR UMA AÇÃO?

Começarei este texto sendo bem sincero: não existe fórmula mágica para você analisar empresas. Quem te vende isso está te vendendo uma ilusão. Analisar uma empresa, como muitos dizem, tem suas similaridades com a arte.

Eu nunca fui muito bom em artes, mas um episódio que me deixa muito orgulhoso aconteceu quando meu professor de artes no ensino fundamental disse para toda a turma que "a arte não tem que ser explicada" e logo depois pediu para que fizéssemos um desenho. Eu escrevi alguma coisa minúscula no meio da folha, entreguei o trabalho e disse que havia terminado. A resposta foi instantânea: "O que é isso, Gustavo?" Vocês devem saber como eu respondi essa pergunta.

A verdade é que muitas pessoas **dizem saber** que a arte não deve ser explicada, mas ficam o tempo todo pedindo explicações, e por isso listarei os principais pontos que acredito serem os mais importantes para analisar uma ação. Mas lembre-se: não existe maneira correta de você analisar uma empresa. Cada um faz sua arte, e estou longe de ser um van Gogh.

1. Análise do negócio. Para mim, é literalmente inviável você analisar uma empresa sem antes entender o setor no qual ela está inserida, refletir sobre as mudanças que podem ocorrer na dinâmica do setor e, principalmente, entender como as empresas dessa área operam. Isso tudo é muito fundamental, e acredito que seja por onde a grande maioria dos investidores realmente começa a análise.

Quem nunca ouviu um amigo que comprou uma ação porque gosta muito do serviço que eles oferecem ou entende que o setor é revolucionário? Eu já vi isso acontecendo inúmeras vezes e acho que é parcialmente válido.

Testar os serviços/produtos de empresas de um setor antes de decidir qual ação comprar é muito interessante na fase de análise de negócios. É uma pesquisa de campo que mostra o que os números talvez não mostrariam. Contudo, essa pesquisa deve ser conduzida com o mínimo de critério, e não avaliando apenas uma companhia, mas sim o setor.

Fora isso, essa é a parte que mais demanda leitura. É onde todos seus conhecimentos importam, é onde sua visão de mundo mais impacta a tomada de decisão. Então, dois cuidados: seja honesto consigo mesmo e evite vieses.

Muitas vezes a gente tende a falar que entende como uma empresa opera, como ela ganha dinheiro, mas, na realidade, não sabemos. Já cometi esse erro diversas vezes. Seja honesto com seu dinheiro e entenda de verdade onde você está alocando seu capital. Sem preguiça. Conforme eu disse anteriormente, você precisará ler muito.

Obviamente, analisar o histórico da companhia também é fundamental para sua tomada de decisão. Exemplo: é totalmente diferente uma empresa que deu ótimos lucros no último ano e uma que deu ótimos lucros nos últimos dez anos.

Além disso, saiba que todos nós temos vieses, inclusive citei um deles aqui. Quando compramos uma ação porque estamos satisfeitos como clientes daquela empresa, estamos tomando uma decisão com muito pouco embasamento estatístico e sem método. Essa é apenas mais uma heurística dentre tantas que afligem o investidor. Evite ideias preconcebidas na sua cabeça, adentre o assunto. Utilize conceitos com os quais você já está familiarizado, mas evite vieses.

Aswath Damodaran, chamado por muitos de pai do *valuation* (processo de atribuir o valor justo de uma empresa), escreveu que ninguém começa a analisar uma empresa como uma tábula rasa e que, na verdade, todos nós temos vieses. Para ele, o mais interessante para evitá-los é escrever todos os seus vieses (aqueles de que conseguir se lembrar) antes de começar a análise. Assim você pode fazer com que eles tenham um impacto menor em seu processo. Para identificar esses vieses, também recorro ao primeiro cuidado: ser honesto comigo mesmo.

Portanto, para mim, essa é a parte mais divertida e que realmente diferencia o investidor, pois é aqui que ele percebe se entende ou não o funcionamento das empresas, e é a partir daí que surge a oportunidade de evitar um setor falido tecnologicamente ou uma companhia sem nenhuma vantagem competitiva, por exemplo.

2. Análise da gestão. Essa fase, a meu ver, é a mais complicada, e quando olhamos o mercado com uma certa distância, pode ser ainda mais difícil. Contudo, essa parte consiste, basicamente, em entender se os valores de quem comanda a empresa estão alinhados com seus interesses como acionista.

Quando digo "acompanham o mercado com uma certa distância" quero dizer que a vasta maioria dos investidores (pessoas físicas) não tem acesso direto aos principais executivos das empresas listadas, muito menos aos bastidores e à reputação dos profissionais do mercado. Contudo, desenvolvi alguns métodos para não ficar atrás nesse quesito.

COMO ANALISAR UMA AÇÃO? 57

✗ Como já diria Warren Buffett (de onde tirei quase todas as ideias de análise de empresas), a gestão de uma companhia deve ser transparente. Se o resultado for ruim, é melhor mostrar isso do que esconder os fatos. Isso faz com que a empresa, no longo prazo, tenha mais confiança dos acionistas e também uma trajetória com menos surpresas indesejáveis, que é o que ocorre quando resultados ruins são escondidos por muito tempo, até que fique evidente a falta de transparência — aí já será tarde demais. Quer um exemplo amplamente conhecido e de uma empresa que durante sua trajetória foi bastante transparente? A Amazon. Ao ler as cartas de Jeff Bezos aos acionistas da empresa desde 1997, fica muito claro que ele fala abertamente de erros e demonstra a ciência de que, para acertar, é preciso errar, e, por tal motivo, o fracasso não deve ser motivo de vergonha. Isso é ser transparente.

Conclusão: fuja de empresas que maquiam números e fique esperto com a forma como os resultados são divulgados.

✗ Pesquise a vida dos diretores e dos conselheiros. Como disse anteriormente, mesmo não tendo acesso aos bastidores para saber sobre reputações, algumas coisas são básicas, e você deve fazê-las. Pesquise sobre os diretores e conselheiros para ver o currículo deles, os feitos, se têm processos em aberto ou se já estiveram envolvidos em alguma polêmica. Ainda sobre esse tópico, é muito importante comparar o número de diretores com o número de conselheiros. Uma empresa com muito mais conselheiros do que diretores pode apresentar disfunções em relação a sua governança, já que o conselho deve ser um órgão sério e cada presença deve se dar pela qualidade, e não quantidade. Quando existem mais conselheiros que decidem o que deve ser feito do que profissionais que realmente farão o que foi determinado, esse pode ser um mau sinal. Ademais, procure entender se os conselheiros são, na maioria, associados aos controladores ou se são independentes. Quanto mais conselheiros competentes e independentes, melhor.

✗ Leia todas as cartas da diretoria, veja todas as entrevistas e filtre o máximo para tentar extrair a real visão deles.

✗ Entenda como é o histórico com minoritários. Procure saber se a empresa já tomou atitudes duvidosas perante seus minoritários. Se já, fuja. Esse é o pior dos mundos para você, investidor individual.

✗ Leia o Formulário de Referência. Todas as empresas listadas na Bolsa devem prestar diversas informações ao mercado. Essas informações costumam ser agrupadas em um documento chamado Formulário de Referência, que envolve diversos aspectos do negócio, como o risco, a composição acionária, os comitês e diversas outras questões de suma importância para o acionista. Esses documentos, assim como tantos outros, podem ser encontrados no site de Relação com Investidores da empresa listada.

✗ Por fim, não seja encantado facilmente. Muitos desses executivos sabem o que o mercado espera ouvir, mas isso não significa que eles acreditam de fato naquilo. A prova de fogo é entender se os dirigentes das empresas aceitam ter perdas de curto prazo para crescimento no longo prazo. Muitos falam que sim, entretanto, poucos executam o que afirmam, e apenas utilizam esse argumento para justificar quando algo deu errado. Filtre e fique atento.

3. Preço. Agora chegamos a uma parte muito perigosa e polêmica. Perigosa porque muitas pessoas menosprezam e polêmica pelo mesmo motivo. Fuja desse perigo e dessa polêmica com uma única tacada, passando a entender que preço é muito importante em uma análise. Se analisar empresas é arte, essa parte da análise é o dadaísmo. Cada um enxerga de uma forma. Uma roda de bicicleta no meio de uma sala pode ser interpretada de diversas formas, mas o meio artístico está convencido de que aquilo é arte, assim como o mercado está convencido de que o preço é um aspecto importante de sua análise de uma ação.

Então, a partir daí, existem diversas formas para você chegar ao preço justo de uma ação, e cabe a você entender quais métodos utilizará.

Falando brevemente sobre esses métodos, o primeiro é o *valuation* por múltiplos, com o qual você compara indicadores da empresa e avalia se ela está descontada ou não. Diversos fatores impactam os múltiplos, então essa análise costuma ser mais generalista. Contudo, se associada a um conhecimento mais profundo do setor e da companhia, ela pode ser muito útil.

O segundo é o *valuation* por fluxo de caixa descontado, no qual você projeta o fluxo de caixa da empresa e o traz para o valor presente a fim de chegar ao valor justo da companhia atualmente com base no crescimento futuro que você propôs. Realmente, esse método é mais completo, pois você precisa ter um conhecimento mais profundo da empresa, entender como ela precifica produtos, entender dos custos e das despesas, da estrutura de capital e diversas outras questões. Na verdade, envolve quase tudo sobre a companhia. É importante enfatizar ainda que, por se tratar de uma projeção, deve ser utilizado como referência, e nunca como um valor exato. Se você fizer o *valuation* de uma empresa e concluir que o valor justo por ação é de R$15,63, tenha o bom senso de saber que o que você fez foi uma estimativa, que deve ser atualizada e aprimorada sempre. Saiba que nunca será 100% precisa. Agora eu acredito que esteja ficando mais claro o motivo de chamarem o *valuation* de arte.

Esse foi um resumo dos três principais pilares que utilizo para analisar uma ação. Não é nada complicado, e você pode adaptar de sua forma, dividindo em mais etapas, acrescentando outras ou até mesmo analisando de um modo totalmente diferente. Você é quem manda, você é quem faz sua arte. O mais importante é que o investidor sempre tenha a humildade de saber que, por mais que esteja confiante com suas projeções, ele pode estar errado. E para finalizar, preciso contradizer a famosa frase de Andy Warhol: "Tudo tem a sua beleza, mas nem todo o mundo consegue ver." Infelizmente, nem tudo que vale para a arte vale para a Bolsa de Valores. Há empresas que simplesmente são feias. E de coisa feia é melhor fugir.

NA DÚVIDA, MARGEM

Se você está em dúvida entre duas empresas para investir, com indicadores extremamente parecidos, do mesmo setor, e com preços proporcionalmente agradáveis, siga pela margem líquida. A que tiver maior margem líquida deve ser a melhor opção.

A margem líquida nada mais é do que a porcentagem da receita que sobrou depois do pagamento de custos, despesas, provisionamento para depreciação, pagamento de juros, dívidas e impostos e que, por fim, se tornou lucro. Assim, uma empresa que tem uma margem líquida maior tende a ser mais eficiente.

Podemos dizer que a margem é um resumo da companhia e, como todo resumo, é carregada de imprecisões. Mas imagine duas empresas do mesmo setor, a empresa do Urso e a empresa do Touro. A empresa do Urso tem uma receita de R$100 mil e um lucro de R$3 mil. Já a empresa do Touro tem a mesma receita de R$100 mil, mas um lucro de R$10 mil.

A empresa do Urso tem uma margem líquida de 3%, já a do Touro é de 10%. Uma é mais eficiente que a outra, pois com a mesma receita consegue gerar mais lucro.

Como disse, a margem por si só pode ser imprecisa, já que é necessário entender os motivos que fizeram com que essa diferença fosse tão gritante. Dessa forma, essa é uma maneira muito superficial de fazer uma análise, e diversas outras questões devem ser levadas em conta na hora de investir em uma empresa.

Mas a ideia que quero passar, apesar de teórica, tem um valor muito grande.

Isolando todos os outros fatores que você deve analisar, uma empresa com margens maiores tende a ser melhor não simplesmente por ser mais eficiente, mas sim pela consequência disso.

O principal objetivo de um investidor é ter em sua carteira empresas que estão sempre ganhando dinheiro. Em alguns momentos, ganharão mais, em outros ganharão menos, mas estarão sempre ganhando. E por que estou falando isso? Porque entre empresas muito similares, mas com margens diferentes, a que tem uma margem líquida maior também tem maior chance de continuar ganhando dinheiro, mesmo em períodos difíceis. Ela tem mais MARGEM para se ajustar e continuar lucrativa.

Essa é uma análise simplista, mas que agrega bastante para o investidor iniciante que pretende começar seus investimentos.

A lição final é: vá em busca de empresas vencedoras que sempre dão retorno para seus acionistas. O caminho dos lucros não é uma reta para cima. Às vezes a empresa dará mais lucro, às vezes menos, mas uma estratégia vencedora é sempre estar buscando empresas com um histórico positivo e com boas perspectivas para a manutenção do que ocorreu no passado.

Às vezes algumas questões falarão mais alto do que apenas o histórico consistente e a expectativa de manutenção. Mas, por ora, esse é um ótimo ensinamento.

JÁ FOI DIFÍCIL

Benjamin Graham, economista e um dos maiores investidores da história, é também uma de minhas maiores referências no processo de análise de empresas. Sua filosofia de investimento sobrevive, com todos os méritos, a diversas mudanças que ocorreram no mundo desde a publicação e divulgação de suas ideias, em conjunto com David Dodd, no livro *Security Analysis*, em 1934.

Contudo, alguns pontos devem ser colocados para que não ocorra uma interpretação incorreta do belíssimo trabalho do precursor da famosa filosofia do "Buy and Hold". Atualmente, muitas pessoas defendem a tese de aquisição de uma ação pelos seus múltiplos, principalmente os múltiplos que comparam o preço com o valor patrimonial ou com o lucro da companhia. Analisar empresas apenas por múltiplos é um erro, e por mais que Graham tenha enfatizado muito esses fatores em sua metodologia de análise, isso precisa ser considerado pelo contexto para que não ocorra uma interpretação errônea de sua obra.

Vamos começar falando especificamente sobre a comparação do Valor Patrimonial por Ação (VPA) com o preço da ação como uma forma de interpretar se a ação está barata ou não. Atualmente, essa comparação é feita de modo muito simples. Diversos sites te entregam esses números prontos, então seria pouco provável que uma análise simplista do tipo "a empresa tem um VPA maior que o preço da sua ação. Se ela vender tudo que tem de bens, terá uma quantia maior que o seu valor de mercado. Tá muito barato!" seja realmente eficaz na seleção de ações verdadeiramente baratas. Qualquer um faz isso, não existe diferencial nessa análise.

Nesse momento, você pode se perguntar: então como Benjamin Graham foi tão bem-sucedido utilizando essa como uma de suas principais métricas? A grande verdade é que, na época em que ele utilizava esse parâmetro, descobrir o valor patrimonial de uma empresa não estava a quatro cliques de distância do investidor, e saber essa informação requeria um bom grau de conhecimento e de estudo. Durante muito tempo, empresas listadas se recusavam a publicar balanços corretos. Apenas depois do Securities Exchange Act de 1933 e 1934 é que as empresas passaram a divulgar o valor de seus ativos de forma mais próxima da realidade. Era muito mais comum do que é hoje empresas inflarem balanços indiscriminadamente para verem um IPO bem-sucedido ou simplesmente para que as ações subissem.

A conclusão que tiramos disso é a de que, na época de Graham, obter o valor patrimonial de uma empresa era uma tarefa árdua porque, no primeiro momento, além de ser muito difícil ter acesso ao balanço das empresas, o investidor ainda tinha que lidar com balanços errados e desorganizados. No segundo momento, o investidor, por saber que não podia confiar naqueles números, queria informações mais fidedignas, logo, ele mesmo deveria fazer uma extensa pesquisa para avaliar o patrimônio da companhia. Era realmente um processo que deveria ser meticuloso e muito bem executado para que fosse bem-sucedido.

Não podemos comparar o trabalho que se tinha em 1930 para comparar o valor patrimonial de uma empresa com seu valor de mercado com o que temos atualmente, quando essa informação é obtida com alto grau de confiança em apenas alguns cliques. Logo, se o trabalho antes era infinitamente mais difícil, as recompensas também eram infinitamente maiores. Não existe dinheiro fácil e sem estudo, principalmente no mercado. Outros múltiplos muito enfatizados por Graham, como o P/L, seguem a mesma lógica: uma análise por múltiplos é muito superficial e não cobre uma gama de fatores imprescindíveis em uma análise.

Também é importante enfatizar que, às vezes, um múltiplo aparentemente positivo em uma análise rasa de "quanto maior, melhor" ou "quanto menor, melhor" pode ser um dos motivos pelos quais a empresa passa por problemas e ter ações dela é um mau negócio. Veja, por exemplo, uma companhia dona de escolas e que é muito alavancada operacionalmente. Ela tem diversos custos fixos decorrentes de muitos imóveis, dos quais aproveita apenas uma fração, já que tem muito mais espaço de sala de aulas do que alunos as utilizando. Tendo alunos ou não, ela arca com todos os custos. Nesse caso, a empresa pode ter um alto valor patrimonial por ação, decorrente de todos os imóveis que ela adquiriu para construir suas salas de aula, mas ao mesmo tempo, o ideal seria diminuir o número de salas para que esse custo fixo não prejudique desproporcionalmente seu resultado e tenha um retorno maior. A consequência disso seria a de que a diminuição do valor patrimonial, nesse caso fictício, seria o ideal.

Ironicamente, a resposta para tudo isso também tem origem em Benjamin Graham e, mais especificamente, em Warren Buffett, o maior discípulo dele. Buffett afirma que só devemos investir em empresas que realmente conhecemos bem. Essa é definitivamente a saída e o caminho para que os múltiplos tenham sentido e que não sejam apenas uma ideia superficial sobre a situação da empresa, e sim um verdadeiro reflexo de sua operação, de seus resultados e do modo como os gestores da companhia atuam. Entender verdadeiramente os múltiplos pressupõe que, antes, você entenda verdadeiramente as empresas.

Por fim, nunca faça uma análise apenas de múltiplos, ela não te leva a lugar nenhum. Foque em entender a companhia de forma ampla, e a partir daí, todo um novo universo é aberto a sua frente. Os múltiplos deixam de ser meros números, os balanços passam a fazer sentido, e as atitudes das pessoas que comandam as empresas se tornam mais claras. O senso crítico, tão fundamental na análise de empresas, não é criado do dia para a noite, mas o caminho para chegar a ele, definitivamente, não se dá pelos múltiplos.

PRECISA DE TEMPO

Nada vem do nada, tudo vem de algo, e o algo não sai do nada. As mudanças levam tempo, empreender leva tempo, a ansiedade te toma tempo e te tira do seu foco.

O foco nunca deve ser chegar aonde você quer chegar o mais rápido possível. O foco deve ser chegar. Ponto final.

O ser humano demorou milhões de anos para descobrir como manusear o fogo. Isso mesmo, bater uma pedra na outra. E essa tecnologia mudaria todas as perspectivas de sobrevivência da espécie.

Demorou mais um milhão de anos para chegarmos à invenção da roda, essa que viria a alavancar o ser humano para outro patamar.

A revolução agrícola, tão discutida no célebre livro *Homo sapiens*, que mostra uma nova perspectiva para o evento, demorou a acontecer e continuou acontecendo por muitos anos. Mesmo com seus problemas, foi um período de ajustes que ampliou os horizontes para o ser humano.

Mais milhares de anos para inventarem a irrigação, que deu a possibilidade de a população crescer de forma um pouco mais organizada.

Até pela Idade Média passamos. No Brasil, os nativos celebravam os utensílios de ferro que eram trazidos pelos europeus, tecnologia que economizaria vasto tempo na produção de alimentos.

Avançando um pouco, o primeiro telefone, mesmo com toda a polêmica sobre quem realmente o inventou, surgiu na década de 1870. Depois, demorou mais um século para a invenção do primeiro telefone portátil. Pouco depois, a Xerox inventaria o primeiro computador pessoal do mundo. Já a Arpanet, precursora da internet, foi inventada em 1969.

Em 1975, a Microsoft é fundada, e Steve Jobs, em 1976, cria a Apple e lança um dos primeiros computadores pessoais comerciais do mundo, com fortes influências dos produtos da Xerox.

Em 1994, é fundada a Amazon, que em menos de trinta anos é uma das três maiores empresas do mundo. Juntamente com a Apple e a Microsoft, empresas criadas há menos de cinquenta anos.

A tecnologia tem uma vertente exponencial, e o tempo entre uma grande mudança e outra vai sendo reduzido.

Com o perdão da simplificação histórica, qual o objetivo de estar contando isso? Por mais que hoje em dia as mudanças aconteçam muito mais rápido, a ponto de dar a possibilidade de uma pessoa como Jeff Bezos criar uma das maiores empresas do mundo em menos de trinta anos, o processo não foi fácil e nem rápido. Bezos passou por diversos problemas, errou bastante, descobriu muitas novidades no processo, e se você perguntar para ele se foi rápido ou fácil, receberá como resposta um sonoro "não". Mesmo assim, se você tivesse investido US$1.000 na Amazon em 1997 no IPO, no momento em que escrevo este livro você teria cerca de US$1,5 milhão.

Isso significa única e exclusivamente que não existe dinheiro fácil e que, mesmo quando seu dinheiro está alocado na empresa do homem que mais criou riqueza na sua geração, o caminho será árduo. A empresa viu suas ações passarem por diversas fortes quedas. Teve a bolha das "ponto com", houve problemas com impostos, criação de um centro de distribuição gigantesco que acabou sendo um fracasso do mesmo tamanho, ausência de lucros por mais de vinte anos, entre diversas outras questões.

Ter conseguido manter os seus U$1.000 durante todo esse tempo e acreditar até os dias de hoje na empresa é um mérito muito grande, em especial porque vivemos em uma sociedade que avança muito rápido tecnologicamente, mas que ao mesmo tempo cresce em ansiedade. Acredito que a geração atual é a geração do instantâneo, e investimento e ansiedade não combinam. Se o instantâneo está de um lado da rua, o investimento sério atravessa para o outro lado.

A história da Amazon é uma hipérbole para ilustrar que investir em ações é investir em empresas. Você pode ter certeza de que os resultados de um empreendimento demoram a transparecer. Quem cria uma padaria, por exemplo, não a verá lotada do dia para a noite. Para isso, é preciso um bom trabalho, funcionários atenciosos, bons produtos e uma boa gestão financeira, de pessoas e de estoque.

Não se ganha dinheiro rápido porque nada vem do nada, tudo vem de algo, e o algo não sai do nada. O algo demora para se tornar realidade, mas se for bom e vier de pessoas boas, as chances aumentam. Investir é justamente conseguir equacionar bem suas chances e seu risco no longo prazo.

CRISES E BOLHAS

Os investidores têm comportamentos típicos, e muitos deles caminham juntamente com o mercado. O ego do investidor carece de confirmação e amostras de sua habilidade, e quando o mercado sobe e esse ego é acariciado, podemos observar claramente um desses padrões de comportamento: a confiança aumenta no mesmo ritmo em que o mercado sobe.

Esse fator comportamental é amplamente estudado e aplicado em teorias como a de F. Helmut Weymar, presidente da célebre Commodities Corporation que fez tanto sucesso na década de 1970. Ou até mesmo na Teoria da Reflexividade, de George Soros. A consequência desse comportamento tão estudado é enfatizar a tendência de alta ou baixa do mercado. Uma alta na Bolsa de Valores pode representar um sinal de confirmação para os investidores comprados, que instantaneamente correm para aumentar a posição e, assim, reforçar a tendência de alta.

Contudo, todos sabem que esse efeito não é perene, existe um limite de aumento nos níveis de preços, algumas vezes atingindo patamares inacreditáveis, que são apelidados de bolhas, e outras vezes resultando em uma queda representativa dos mercados que reflete uma eventual crise econômica ou desaquecimento da economia.

Uma das grandes dúvidas que vem à mente dos investidores é saber quando determinado movimento é uma bolha e quando a economia apenas apresenta sinais de desaceleração. Pois bem, a melhor maneira de fazer essa interpretação é estudar historicamente o que já aconteceu. Farei um breve resumo de alguns momentos históricos interessantes. Começando pelas bolhas, talvez o caso mais emblemático e difundindo seja a famosa bolha das tulipas das décadas de 1620 e 1630, na Holanda. Nesse período, nos primórdios das bolsas de valores, contratos de compra de tulipas se tornaram uma febre, e um bulbo de tulipa chegou a ser negociado por mais de R$30 mil, se atualizado a valores atuais. Isso tudo se prolongou até o fim da década de 1630, quando as pessoas perceberem que as tulipas, na verdade, eram só tulipas mesmo.

Posteriormente, na década de 1710, a bolha teve origem na Compagnie d'Occident, criada pelo escocês John Law. A empresa começou a ser vastamente negociada entre especuladores franceses quando a coroa francesa cedeu o direito de exploração de ouro na Louisiana. Sem qualquer indício de que realmente existia ouro naquela região sobre domínio francês à época, as ações dispararam principalmente devido às falas de Law, comparando o rico estado do Mississipi com seu vizinho, o estado de Louisiana.

Ironicamente, esse caso é bem similar à história de Eike Batista e os poços de petróleo adquiridos pela OGX em leilões da Petrobras. Finalmente, em ambos os casos, as empresas que atingiram ondas especulativas em fase pré-operacional acabaram quebrando diversos investidores. Law se viu refugiado em Bruxelas, e Eike chegou a ser preso.

Outra marcante bolha foi a da South Sea Company, de Robert Harley. Com uma história bem similar à da Compagnie d'Occident, diversos investidores acabaram perdendo muito dinheiro em uma malfadada aventura de extrair metais preciosos em terras pertencentes à coroa espanhola na América do Sul.

A bolha das "ponto com" foi oriunda de uma euforia/especulação com as ações que acompanharam o início do crescimento da internet. O índice Nasdaq, das principais empresas de tecnologia do mundo, chegou a despencar mais de 60% entre os anos de 2000 e 2002. Diversas empresas acabaram quebrando nesse período. Companhias que antes chegaram a ser avaliadas em bilhões de dólares acabaram com um valor de mercado residual de poucos milhões. Até empresas que posteriormente tiveram grande sucesso sofreram com a bolha. É o caso das ações do Ebay, que chegaram a cair mais de 65%.

Outras duas grandes bolhas que resultaram em crises ocorreram nos Estados Unidos, primeiramente em 1929 e depois em 2008. No primeiro caso, a desastrosa intervenção do governo norte-americano na economia e a consequente instabilidade fiscal condenaram os Estados Unidos a uma década inteira de depressão econômica. Já na crise de 2008, a intervenção do governo também teve seu papel, assim como em quase todas as grandes crises. Nesse caso, todo o sistema de crédito norte-americano estava sendo sustentado e impulsionado por títulos de hipoteca com riscos elevados sendo negociados como investimentos seguros. Isso acabou corrompendo todo o sistema financeiro norte-americano, e a bolha estourou quando perceberam que as garantias desses títulos hipotecários (as próprias casas) tinham um valor muito menor do que o calculado inicialmente.

Outras diversas crises ocorreram ao longo do século XX, começando pela pouco falada crise de 1921, também nos Estados Unidos, quando o desemprego mais que dobrou. Só não foi pior devido à boa gestão de Warren Harding como presidente norte-americano à época. Após isso, diversas crises relacionadas ao petróleo foram desencadeadas, principalmente devido a conflitos de poder no oriente médio. Para citar o melhor exemplo, a guerra de Yom Kippur, em 1973, quando países árabes se uniram em um conflito militar contra Israel. Nesse ano, o preço do petróleo chegou a subir mais de 400%, prejudicando o abastecimento energético e o decorrente crescimento econômico mundial.

Durante a década de 1970, o mundo se viu travado na famosa "estagflação", que ocorre no momento em que os países não conseguem crescer economicamente e apresentam grau elevado de inflação. Para muitos economistas, essa é a famosa "sinuca de bico" pela qual o mundo passou durante uma década inteira, que viria a ser chamada de década perdida. Ademais, uma grande crise em moedas de países emergentes, como o peso mexicano, o cruzeiro brasileiro, o peso argentino e diversas outras moedas de países emergentes, fez parte do contexto dos anos de 1970. No final dessa mesma década, a situação política do Irã voltou a prejudicar a economia. O barril de petróleo, que havia começado a década a US$2,40, chegou ao final dela cotado a US$40. Por fim, com todo esse ambiente econômico global caótico, a onça de ouro saiu de US$40 no início da década para quase US$1.000 no final do período. Esse movimento foi o principal responsável pela fama do ouro de ser um ativo de proteção de carteira, já que, com todos os problemas na economia mundial, o ouro teve essa importante valorização.

Já na década de 1980, o Japão estava crescendo a um ritmo acelerado devido a algumas políticas expansionistas do governo e à liderança tecnológica. Os preços dos imóveis e da Bolsa de Valores japonesa crescia a ritmos alucinantes. O dinheiro passou a ser considerado "infinito", de tão barato que era ter acesso a crédito. Durante o auge dessa bolha, uma empresa japonesa, a The Mitsui Real Estate Company, chegou a comprar um edifício em Nova York por US$625 milhões, sendo que o valor inicial era de US$310 milhões. O motivo dessa proposta absurda? Mitsui queria aparecer no *Guinness: Livro de recordes mundiais* como a empresa que fez a aquisição mais cara de um edifício na história. Isso te parece razoável? Pois bem, essa é uma característica marcante das bolhas para o economista Charles P. Kindleberger. Segundo ele, "bolhas, por definição, envolvem um padrão não sustentável de variação de preços ou fluxo de caixa".

Contudo, no início da década seguinte, a consequência chegou, e a deflação assolou os japoneses, que desde então não recuperaram a expressiva participação que detinham na economia mundial. Naturalmente, o efeito também atingiu outros mercados. No mesmo período em que a bolha era inflada no Japão, os países nórdicos, como Suécia, Noruega e Finlândia, seguiam por um caminho similar.

Não podemos deixar de falar da *"black monday"*, quando o principal índice da Bolsa norte-americana, o Dow Jones, caiu mais de 22% apenas no dia 19 de outubro de 1987. A causa ainda é um mistério, porém, ao que tudo indica, os fatores técnicos das operações foram os principais responsáveis pela queda.

Em 1997, a crise asiática foi o principal motivo que causou medo nos investidores. Começando com o governo Tailandês, que mudou o sistema de câmbio de flutuante para fixo com o dólar, e a consequência foi uma forte desvalorização da moeda de diversos tigres asiáticos. O impacto também foi sofrido em todos os mercados.

Agora está na hora de revelar o segredo para vocês: não há como prever esses momentos. Pode até não ser o que você queira ler, mas essa é a verdade.

Entre todas essas crises, existe certo padrão, se aprofundarmos mais os estudos, mas são questões muito generalistas e que têm pouca utilidade prática. Por exemplo, quando um governo está interferindo demais em questões econômicas, provavelmente o futuro trará consigo consequências. Mas não é uma regra incontestável e muito menos prática. Pode demorar anos para as consequências econômicas aparecerem de forma mais evidente. Portanto, como não temos como prever, a melhor dica aqui é simples: não tente adivinhar o futuro do mercado, use seu tempo estudando empresas.

Em relação às bolhas, o melhor conceito que você pode utilizar na prática é não se envolver com nada que está na moda. Esse é o melhor termômetro de uma bolha. Caso todo o mundo esteja comentando sobre a ação do momento ou o investimento inovador da década, fuja. Mas fuja não apenas do investimento direto, e sim de qualquer relação com esses ativos. Apostar contra algo que você acredita ser uma bolha não é uma decisão sábia, o próprio conceito de uma bolha mostra que os preços podem subir além de patamares totalmente surreais. Fuja do investimento do momento, essa regra costuma funcionar bem.

BITCOIN

Os participantes do mercado financeiro vivem em um constante embate sobre opiniões. Por exemplo: a inflação vai ou não explodir? As ações de uma determinada empresa são ou não uma bolha? Existem diversas divergências que ocorrem com certa naturalidade devido à inerente imprevisibilidade do mercado, que faz com que não exista uma verdade absoluta, e sim opiniões.

Contudo, nos últimos anos, o Bitcoin é, de longe, o tema mais controverso de todos, e por isso acho importante discutirmos um pouco sobre ele.

Em relação à tecnologia por trás do Bitcoin, minha opinião vai ao encontro dos entusiastas da criptomoeda mais famosa do mundo. É uma tecnologia formidável e que tem o potencial de revolucionar diversas relações complexas que ocorrem em nossa sociedade. Contratos elaborados utilizando como base a Blockchain podem realmente ser um novo gatilho para o desenvolvimento tecnológico e social e geração de riqueza.

Entretanto, quanto ao Bitcoin especificamente, confesso que não partilho de todo esse otimismo dos investidores da criptomoeda. Já conversei com pessoas que têm um conhecimento extraordinário sobre o assunto e que ainda não me convenceram a investir em Bitcoin, e pretendo explicar para vocês os motivos dessa minha discordância.

Pois bem, historicamente, o primeiro barco que navega em uma nova tecnologia dificilmente é o melhor no qual você embarcar. Se você quisesse investir na primeira empresa a produzir uma televisão em série, a RCA, esse não teria sido o melhor investimento no longo prazo. O mesmo acontece no início da internet, com os primeiros *smartphones* e na maioria de outros segmentos que eram considerados como Oceanos Azuis.

Entendo perfeitamente que o Bitcoin não é uma empresa como as desses exemplos. Entretanto, sempre quando temos em nossa frente um desses grandes dilemas, o melhor exercício que podemos fazer é avaliar a situação de modo mais distante, já que assim podemos ter uma visão menos emotiva. Olhando eventos que já ocorreram e para os quais o contexto da época já se desmanchou, o passado parece óbvio. Por exemplo, no início do século XIX, o golpe/bolha causado por Gregor MacGregor ficou muito famoso. Ao encontrar uma terra não habitada em Honduras, MacGregor decidiu criar um país fictício chamado de Poyais e passou a emitir títulos da dívida desse pedaço de terra totalmente inabitado e sem nenhuma infraestrutura. O tal sujeito acabou captando em Londres o equivalente a US$3,6 bilhões nos dias de hoje ao enganar os investidores dizendo que o país era legítimo e que tinha uma bela arquitetura. O golpe foi tão sofisticado, que até falsas pinturas foram encomendadas para "comprovar" a existência do país. Como se isso fosse pouco, foram instalados escritórios na Escócia e na Inglaterra com o intuito de vender terrenos nesse famigerado país tropical com belas construções. O grande ponto nessa história é que, por mais que hoje isso pareça um absurdo sem tamanho, enganou diversos investidores que buscavam uma rentabilidade maior devido aos juros baixos da época. Não estou comparando essa história com o Bitcoin, mas uma conclusão é óbvia: quando os juros estão baixos, os investidores estão mais aptos a cair em grandes bolhas, e, portanto, todo cuidado é pouco. E, nesse aspecto, faço uma comparação com o Bitcoin, que, na minha visão, teve um grande aumento em seu preço em virtude dos juros baixos globais.

Então vamos fazer esse exercício de tentar enxergar a situação atual de longe, como se estivéssemos falando de MacGregor. Imagine que você consiga fazer uma viagem para 15 anos no futuro e perceba o quanto seria esquisito olhar para trás e ver que, em determinado momento, uma moeda digital com uma volatilidade absurda, tida pelos especialistas como uma espécie de "ouro digital", foi avaliada pelo mercado em mais de US$1 trilhão de dólares apenas 12 anos após sua criação. Se utilizarmos como base a Microsoft, que demorou 44 anos para ser avaliada nesse patamar, eu fico um pouco receoso de acreditar que essa criptomoeda será tão dominante a esse ponto. Levando, ainda, em consideração que ela é uma das primeiras moedas embasadas em uma nova tecnologia, eu ficaria ainda mais surpreso. Será que Satoshi Nakamoto gerou mais valor de forma mais exponencial que Bill Gates? Pode ser, só não estou convencido disso.

Acho difícil o mercado de criptomoedas ser algo tão distinto dos demais para que ele não se desenvolva muito além do Bitcoin, principalmente quando percebemos o potencial tecnológico da blockchain. Na minha visão, o mais provável que aconteça é que a tecnologia permaneça, juntamente com a ideia de uma moeda não regulada pelo estado, mas que tome outra forma que não seja o Bitcoin.

E sendo assim, não vejo nenhum motivo que justifique o investimento em Bitcoin e não em uma empresa que atua desenvolvendo a tecnologia, que, além de trabalhar em diversas funcionalidades que podem ser mais fáceis de ser implementadas, com funções mais bem definidas, é a base dessa e de tantas outras criptomoedas. Acredito que é possível ter algum tipo de exposição à blockchain que não seja via criptomoedas.

De qualquer forma, respeito muito a opinião de todas as pessoas que trabalham com criptomoedas e entendem do assunto de um modo muito mais profundo do que eu. Contudo, acho justo e transparente com os leitores que eu deixe aqui o meu parecer sobre um assunto tão delicado e com tanta participação na carteira de investimentos de tantas pessoas. Ainda há uma corrida gigantesca pela frente para você fazer apostas em alguns cavalos.

POR QUE VOCÊ NÃO DEVE INVESTIR EM ALGO EM QUE NÃO ACREDITA

O investidor pode não ter diversas qualidades e até ter muitos defeitos, é natural, não existe um investidor perfeito. Contudo, um investidor que muda seus métodos conforme o mercado muda está um passo mais próximo de perder dinheiro do que os demais.

Eu te contarei uma história. Há algum tempo, passei algumas semanas estudando uma empresa e, no final do processo de análise, optei por não investir nas ações dessa companhia. Um mês após minha decisão, essas mesmas ações haviam subido 30%. O nosso pensamento natural é considerar que a decisão foi um erro, já que, se o investimento tivesse sido feito, teríamos ganhado dinheiro. Entretanto, esse é um pensamento que, apesar de natural, é totalmente equivocado. Se você adotou um método de análise, siga com ele. Se você não acredita em um ativo, não invista.

Um dos maiores investidores da história, Stanley Druckenmiller, conhecido por investimentos no âmbito macroeconômico, apostando em moedas, títulos públicos e índices, certa vez optou por fazer um investimento de US$6 bilhões em empresas de um setor específico, fugindo totalmente do que sempre fez. O investimento foi em empresas de tecnologia, assunto com o qual ele tinha pouca familiaridade. O resultado? Em poucas semanas, a bolha das "ponto com" explodiu e ele perdeu US$3 bilhões. Como certa vez escreveu o jornalista e investidor canadense Scott Barlow, "A melhor maneira para os investidores aprenderem com os erros é deixar os outros os cometerem e depois ler sobre eles".

Se seu método de investimento for corrompido, você estará muito mais suscetível a grandes perdas. Se uma empresa não passou nos critérios preestabelecidos ou se eu não consigo entender o operacional dessa companhia ou desse ativo, não invisto. Simples assim. O que acontecerá depois que tomei minha decisão pouco importa. Na ocasião que mencionei, eu poderia pensar "poxa, poderia já ter ganhado 30% em um mês e ter saído da posição". Mas se eu fizesse isso, estaria sendo totalmente incoerente com meu método de investimento. Eu não invisto em uma ação visando o que acontecerá no próximo mês. Para mim, isso é totalmente irrelevante. E mesmo que eu tivesse investido e capturado essa alta de 30% em um mês, provavelmente eu não venderia minhas ações. Logo, esse eventual "ganho de 30% em um mês" é uma ilusão. É óbvio que a mudança de opinião pode acontecer, mas pelos motivos corretos. Se você não concorda com o preço de uma ação em que você investiria se estivesse mais barata, não invista, e se ela continuar subindo, mais um motivo para não investir.

O mesmo vale caso o contrário aconteça. Se eu investir em uma ação hoje e ela cair 30% no mês seguinte, isso não quer dizer que errei. Ao menos não utilizando o meu método para decidir em quais empresas investir. Se você quer investir pensando no longo prazo, pense no longo prazo. Não se culpe por ter deixado de investir em algo que você não entende. Pelo contrário, você merece se dar parabéns. Quem te garante que essa alta continuará? Será que essa alta é fundamentada? Quem te garante que essa alta desenfreada não é uma bolha? Será mesmo que você sairia na hora correta de um investimento especulativo? A resposta para todas essas perguntas é que você precisa de método, pois é ele que impedirá que você fique mudando de opinião conforme as variações de curto prazo te levem a grandes retornos no longo prazo.

IPOS: ENTRAR OU NÃO ENTRAR?

Quando comecei a adentrar a Bolsa de Valores, aos 13/14 anos, por meio de simuladores, se tinha algo de que eu gostava era de "ações novas". Todas as semanas eu pesquisava sobre ações novas que estreariam na bolsa norte-americana. Sempre comprava essas ações porque eu havia percebido que elas tinham o estranho costume de se valorizarem nos primeiros dias de negociação. Não entendia o porquê, mas quase sempre dava certo.

Então eu comprava na estreia e vendia poucos dias depois. O retorno em um ano foi impressionante. Em algumas entradas, perdia um pouco, mas na grande maioria, ganhava bastante. Eu não entendia a bobagem que eu estava fazendo, só sabia que estava dando certo (ao menos nos simuladores).

Essas "novas ações" são de empresas que fizeram IPOs e acabaram de ser listadas publicamente na Bolsa, e por alguns motivos elas costumam ter grandes oscilações em suas estreias na Bolsa. E naquela época eu achava que isso, por si só, era positivo.

Hoje em dia, raramente entro em IPOs. O motivo disso é simples: quem mais conhece uma empresa é quem trabalha nela, é impossível fugir disso. O processo de IPO visa angariar capital para a empresa em troca de uma parte da companhia que é vendida. Levando em conta que todo investidor busca comprar ações com preços descontados perante o valor justo da companhia, em IPOs essas distorções tendem a ser mínimas, uma vez que quem está vendendo parte da empresa é justamente quem mais entende sobre ela. Dessa forma, se a empresa vendeu uma parte dela mesmo por um valor que ela julga ser justo, eu entendo que tem pouco espaço para "tirar vantagem".

É por esse mesmo motivo que o mercado costuma gostar quando uma empresa anuncia a recompra de ações que estão a mercado. Isso pode ser um sinal de que quem mais entende sobre a empresa está interpretando que os preços de mercado estão muito baratos perante o real valor dela.

Apesar de ser um motivo bem simples e até exposto de modo superficial aqui, esse é o porquê de eu costumar evitar IPOs, apesar da minha aventura bem-sucedida nos simuladores. A vida real requer um pouco mais de apreço ao nosso dinheiro.

QUANDO VENDER?

Para mim, a parte mais difícil de investir em ações não é escolher qual ação comprar, mas saber quando vendê-la. Sempre tive muitas dificuldades nesse assunto. Para ser bem sincero, tenho até hoje e acredito que terei para sempre. Entretanto, ao longo do tempo, tive que aprender a lidar com isso da melhor maneira possível e com as informações que tenho a minha disposição.

Acredito que podemos dividir os erros mais cometidos por investidores na hora de vender uma ação em dois grandes grupos: os que vendem cedo demais e os que querem retornos além do que o ativo pode fornecer.

O primeiro grupo é o que eu frequentemente visito e onde estão os medrosos. É muito associado à frase "já imaginou se eu perco esse retorno que tive em tão pouco tempo? Isso não pode acontecer". Quem frequenta esse grupo, muitas vezes, não entendeu ainda o conceito de ser sócio de uma empresa e vê ações única e exclusivamente como um código.

O segundo grupo acredito que seja, de longe, o com o maior número de visitantes. É frequentemente associado à frase "acho que vai mais". O frequentador desse grupo fica com ações que já tiveram retornos, considerados pelo próprio investidor como excepcionais para tal ação, mas a ganância vai alimentando a manutenção da posição na carteira. Fato é que, quando associamos Bolsa de Valores com ganância, o resultado não costuma ser positivo.

Dos dois extremos, o primeiro grupo costuma deixar de ganhar, e o segundo costuma perder. Todavia, em algum lugar no meio desses dois grupos existem os raríssimos casos daqueles que acertam o ápice da ação e vendem com um *timing* perfeito. Por fim, temos também os que não acertaram o ponto exato, mas venderam bem.

Seu objetivo definitivamente deve ser ficar nesse meio termo e, com sorte, acertar o *timing* perfeito.

Mas como fazer isso?

O mercado é totalmente imprevisível e muitas vezes irracional, mas nem por isso a melhor saída é você ser irracional com ele. Na verdade, quem ganha dinheiro no longo prazo são os investidores que se mantêm racionais a despeito da irracionalidade do mercado.

Dito isso, como ser racional e vender na hora certa?

Vou me utilizar de um clichê que acredito ser muito útil e válido para responder a essa pergunta. Warren Buffett um dia disse: "Você vai tentar ser ambicioso quando todos estiverem com medo e ficar com medo quando todos estiverem ambiciosos."

Essa frase é um clássico, mas o que poucas pessoas sabem é que ela foi dita quando ele deu aula para estudantes da matéria Princípios de Investimentos na Universidade de Omaha. Na ocasião, ele tinha apenas 20 anos de idade. Como era de se esperar, alguns desses estudantes também tiveram trajetórias financeiras incríveis.

Curiosidades à parte, o mesmo Warren Buffett, 9 anos antes, ao comprar sua primeira ação, já havia percebido que sair cedo demais da posição não era a melhor ideia. Aos 11, comprou ações de uma empresa chamada Cities Service, e logo após a compra viu essas ações caírem mais de 40%. Ele esperou até as ações se recuperarem e ficarem aproximadamente 5% acima do preço pago por ele e, aí sim, vendeu. O que o jovem Buffett não sabia era que essas ações subiriam mais 400% e que o que ele não tinha ganhado de dinheiro ganhou em aprendizado.

Então, resumindo, acredito que o primeiro passo para você ser racional e vender na hora certa é evitar ao máximo ser ganancioso. O segundo é entender que ter uma ação é sinônimo de ser sócio e que uma sociedade não é rompida do dia para a noite. Esse meio-termo teórico sendo colocado em prática deve te levar a algum ponto do grupo intermediário, que fica entre os precipitados e os gananciosos. Esse é o objetivo.

PARTE 2

NESTA PARTE

- ◯ Seguro que sai barato
- ◯ Reflita
- ◯ Uma fórmula mágica!
- ◯ Commodities
- ◯ O melhor pior negócio do mundo
- ◯ O mercado eficiente
- ◯ Antifragilidade
- ◯ Erros
- ◯ Fundo imobiliário ou ações
- ◯ Como medir o risco?

- ◯ É importante saber do que ter medo
- ◯ Axiomas
- ◯ Volatilidade gera volatilidade
- ◯ O que é uma boa carteira?
- ◯ Morango
- ◯ Vendo agora, compro mais tarde
- ◯ Inteligência emocional
- ◯ Inteligência emocional, parte 2
- ◯ O que você quer?
- ◯ Simplicidade e sociedade

SEGURO QUE SAI BARATO

Recentemente vendi uma guitarra e percebi que, devido ao excelentíssimo (ironia) trabalho que os correios realizam em nosso país, não seria possível enviar uma embalagem do tamanho de uma guitarra por meio da estatal. Ignoremos as críticas à empresa e vamos ao que interessa.

Cotei o preço de envio em algumas transportadoras e percebi que o valor adicional para a contratação do seguro tinha um bom custo-benefício, na minha interpretação. Era algo como 1% do valor total do produto para o caso de dano, extravio, roubo e diversas outras questões que, considerando as adversidades do Brasil, não acredito que seja nenhum absurdo pensar na possibilidade de acontecerem.

Isso me fez refletir sobre a carteira de um fundo de investimento em ações que, por norma, é obrigada a ter no mínimo 67% de seu patrimônio alocado em ações. Muitos desses fundos ficam 100% ou mais comprados em alguns momentos e, às vezes, com uma carteira bem concentrada. Isso significa que uma queda forte pode causar um *drawdown* considerável e em muitos casos prejudicar o futuro do fundo. Lembre-se de que, se sua carteira cai 50%, ela tem que subir 100% apenas para recuperar o que foi perdido, ou seja, no contexto de um fundo de investimento, o gestor pode ter que passar alguns bons anos para recuperar o que foi perdido.

O que me leva a duas grandes conclusões.

A primeira é a de que o investimento em fundos, apesar de ser considerado um investimento passivo por muitas pessoas, deve ser meticulosamente analisado. Eu jamais compraria um fundo que tem costume de se alavancar, mas não tem histórico de fazer bons *hedges* (seguros/proteções). Salvo raras exceções, eu jamais compraria um fundo concentrado e 100% comprado. Escolher fundos pode ser ainda mais difícil do que escolher ações.

A segunda é a de que o gestor de um fundo que está alavancado ou 100% comprado tem que ter proteções, não para proteger seu patrimônio da volatilidade, e sim para não ter um *drawdown* que pode tirar o fundo do jogo ou até mesmo depender de passar anos tentando reverter prejuízos. Eu entendo que a volatilidade por si só não é um risco, mas se torna a partir do momento em que pode te tirar do jogo ou fazer você ter um prejuízo tão relevante a ponto de passar anos correndo atrás dele.

É como o seguro de sua casa, que você trabalhou por anos para comprar. Você faz esse seguro porque não é uma possibilidade perder essa casa. É natural que em alguns momentos o mercado imobiliário esteja mais aquecido do que em outros e que isso tenha um impacto no preço de seu imóvel. Todavia, um incêndio, por exemplo, pode acontecer. Nesse caso, só sobraria uma pequena fração do que o imóvel valia, e é por isso que você faz um seguro. O seguro é uma proteção do tempo que você trabalhou para comprar a casa, e não apenas do imóvel. Costuma sair barato.

Podemos adentrar posteriormente nos motivos técnicos e estatísticos de valer a pena ter um seguro, mas a verdade é que costuma ser uma boa. O ramo de seguros é um baita setor justamente por essa ideia de "ganha-ganha". A seguradora pode até ganhar mais devido à escala e por ter a estatística do seu lado, mas o cliente definitivamente também ganha.

É sempre uma questão de custo-benefício. Perder 0,5% ou 1% para proteger todo o seu investimento não me parece um mal negócio, se for bem feito. Afinal, o tempo deve estar a seu favor, e não contra.

Por isso, faça uma boa análise dos fundos antes de investir. Se estão concentrados ou alavancados, procure saber se fazem proteções, como fazem e especialmente se têm um bom histórico nesse quesito.

REFLITA

Todos nós temos processos, mesmo que subconscientes, para lidarmos com os afazeres diários. Por exemplo, ao acordar, você arruma sua cama quase que no reflexo (assim espero). Não é algo em que pensamos muito para fazer, simplesmente fazemos, e estamos acostumados a repetir o processo mesmo que ele não seja o ideal.

Em 1902, o psicólogo Edwin B. Twitmyer percebeu algo bem interessante sobre o condicionamento humano, que é a associação de um estímulo e sua resposta. Em seu doutorado, Twitmyer estudou os efeitos da tensão dos músculos na magnitude do reflexo rotular do joelho. Apesar desse nome feio, ele estava basicamente avaliando o reflexo de voluntários ao terem seus tendões patelares atingidos por um martelo. É aquela clássica cena de um médico batendo com um martelo no joelho dos pacientes a fim de avaliá-lo. Pois bem, durante esse processo, ele utilizava uma campainha com o intuito de alertar os voluntários de que o martelo ia se movimentar. Certo dia, antes de os testes começarem, o psicólogo foi ajustar essa campainha e, por um erro no manuseio, acabou acionando-a, mas sem bater o martelo. O voluntário presente acabou levantando a perna em um movimento de reflexo à campainha, mesmo sem ter sido atingido pelo toque do martelo. Quando perguntado sobre o que havia ocorrido, o indivíduo afirmou que esse reflexo tinha sido involuntário. Twitmyer, intrigado e surpreso com o que havia presenciado, acabou realizando uma série de outros testes com o objetivo de averiguar o evento. A conclusão foi a de que, depois de algum tempo de teste, mesmo com apenas o som da campainha a estimulação do tendão patelar era provocada. E além disso, mesmo cientes do processo, os voluntários eram incapazes de controlar a reação à campainha. O experimento de Twitmyer acabou tendo grande impacto no campo da psicologia comportamental.

E é por isso que é tão difícil resistir a rituais a que estamos acostumados ou até mesmo refletir sobre o que sempre fazemos e como fazemos. Mas caso a mudança ocorra, o impacto pode ser muito positivo em nossa vida ao nos fazer ganhar tempo e não incorrer no mesmo erro sempre. Muitos erros que cometemos nem sequer percebemos que são erros. Pode haver uma maneira mais rápida de arrumar sua cama, e dependendo do contexto, pode ser melhor nem arrumar, mas essa não é uma reflexão comum de ser feita. E mesmo que seja realizada, provavelmente, ao você acordar, a atitude se repetirá. Arrumar a cama é quase que uma lei. Outro grande pesquisador e precursor da psicologia comportamental, o russo Ivan Pavlov, também fez diversos experimentos sobre condicionamento em cachorros, e ele mandou escrever na entrada de seu laboratório uma advertência bastante curiosa:

FUNDAMENTALMENTE

"Observação – Observação." Ou seja, para você mudar um comportamento, você precisa primeiro percebê-lo, e por incrível que pareça, às vezes esse não é um processo tão simples. É preciso refletir sobre suas ações para chegar à conclusão de que algo tem que ser mudado.

O ponto é que, muitas vezes, cometemos erros que são tão naturais e cometidos com tanta frequência, que em nossa cabeça nem erro eles são. Já vi esse tipo de comportamento repetitivo diversas vezes nos investimentos. Inúmeras pessoas fazem suas respectivas danças das cadeiras conforme o mercado toca a música. Acreditam que é possível ir de posição em posição recolhendo as maiores altas. Esse é o caso de um grande amigo meu, que chamaremos de Boris a fim de preservar sua identidade. Bó, como é carinhosamente chamado, realmente é um gênio, uma das pessoas mais inteligentes que conheço. Mas, como ninguém é perfeito, achava que era um *trader* de mão cheia, se sentia uma espécie de Julius Clarence da novela *Os mercadores da noite*, de Ivan Sant'Anna.

Mas na prática, apesar de realizar algumas boas operações (das quais se vangloriava por semanas), grande parte de seu resultado era escondido debaixo do tapete. O patrimônio até aumentava gradualmente devido a aportes que ele fazia frequentemente, contudo, sempre desconfiei de que Boris não ganhava dinheiro.

A reflexão costuma vir bem depois dos repetidos erros. Após anos operando freneticamente, o retorno consolidado mostrou para Boris que os resultados daquele tanto de operação que ele fazia eram negativos, e ele optou por mudar. Agora ele estava mais tranquilo, inclusive vivendo uma vida muito mais saudável, com menos estresse e mais focado no bem de sua família e de seu patrimônio no longo prazo. Como já diria Charlie Munger, "É impressionante o tanto de vantagem que as pessoas que tentam ser consistentemente não estúpidas têm sobre as pessoas que tentam ser muito inteligentes". E para completar, seu parceiro Warren Buffett finaliza a ideia dizendo que o QI de uma pessoa é apenas a qualidade do motor e que a maneira que essa inteligência será traduzida em resultados depende da racionalidade da pessoa.

Bó era um novo homem porque ele demorou, mas refletiu. Ele aproveitou para mandar um recado para todos que estão lendo este texto: tenha uma visão mais crítica de todos seus processos, desde quando você acorda até o momento em que você investe, pois detalhes podem melhorar nossa qualidade de vida e a de nossos investimentos.

UMA FÓRMULA MÁGICA!

O mercado e suas peripécias nos mostram diariamente que é impossível enxergá-lo como eficiente. Por exemplo, a General Mills, uma gigante norte-americana do ramo de alimentos, com diversas marcas conhecidas do grande público, como a Häagen--Dazs e a Betty Crocker, perdeu quase US$10 bilhões em valor de mercado do dia 17 ao dia 23 de março de 2020.

Isso é algo muito pouco racional. Se o preço anteriormente estava errado perante o valor justo, eu não sei. Mas que o mercado em alguns momentos é completamente irracional e ineficiente, não me restam muitas dúvidas. Como uma empresa quase centenária do setor de alimentos (com certa previsibilidade de vendas) e considerada uma boa companhia pelos investidores perdeu 20% de seu valor de mercado em uma semana sem nenhum problema interno?

Quer outro exemplo? A Kimberly-Clark, uma empresa do ramo de produtos de papel para higiene e cuidados pessoais com quase 150 anos de existência, perdeu 22% de valor de mercado no mesmo período, do dia 17 ao dia 23 de março de 2020.

Salvo raras exceções, é impossível que o real valor de mercado de uma companhia caia 20% em uma semana. Ou o preço anterior estava errado, ou passou a ficar errado agora. Não tem outra saída, e seja lá qual for sua interpretação, a conclusão é a mesma: o mercado não é eficiente. Pelo menos não em 100% do tempo.

Inclusive, essa é a base de pensamento para a construção da Fórmula Mágica de Joel Greenblatt apresentada no livro *The Little Book That Beats The Market*. A fórmula mágica consiste basicamente no ranqueamento de empresas segundo os indicadores ROA (Retorno Sobre Ativos) e PE (nosso famoso P/L ou preço/lucro). Esse método, segundo Greenblatt, bateu o mercado de forma consistente durante anos.

Seguindo os passos relatados no livro, o investidor teria algo em torno de trinta ações, e se os retornos passados fossem garantia de retornos futuros, ele teria um ótimo modelo em suas mãos.

A fórmula mágica conta com uma linha de raciocínio bem parecida com a de Benjamin Graham, Warren Buffett e Philip Fisher, mas de forma um pouco mais sistematizada e rigorosa. Eu pessoalmente não sou muito fã de um passo a passo tão cartesiano para selecionar ações e acredito que, no final do dia, cada investidor desenvolve o próprio método de análise e seleção de ações.

Fato é que as bases para a construção da chamada "fórmula mágica" estão totalmente de encontro ao que eu penso no mercado. Em alguns momentos específicos, os preços ficam distorcidos, porque o ser humano, inevitavelmente, age de forma irracional em momentos de grandes tensões, abrindo espaço para ótimos retornos mesmo que você acredite que o mercado seja eficiente em 99% do tempo. De qualquer forma, para você superar o mercado, não é preciso de uma fórmula mágica, "basta" agir racionalmente quando poucas pessoas conseguem.

COMMODITIES

Existe uma grande discussão no mercado sobre a validade de investir em empresas de commodities.

Commodity, por definição, nada mais é do que um produto com características uniformes no qual o preço é definido pelo mercado global de acordo com a oferta e a demanda. Dessa forma, são commodities o café, o minério de ferro, o petróleo, a soja, o trigo e tantos outros produtos.

Quando falamos que um setor ficou "commoditizado", quer dizer que a briga naquele segmento agora é por preço e não existe mais muita diferenciação nos produtos/serviços das empresas que competem entre si. Isso nos mostra um caminho importante para investir em empresas desse ramo, como a Petrobras, a Vale do Rio Doce e a Suzano. Todas essas empresas trabalham primordialmente com commodities. Se uma empresa trabalha com *commodity*, o principal trabalho dela é produzir com o menor custo possível para aumentar a diferença do custo de produção perante o valor da *commodity* no mercado internacional.

Pense comigo: se, por exemplo, a Vale produz uma tonelada de minério de ferro com US$20 de custo e o mercado precifica no momento a tonelada do minério de ferro em US$100, isso quer dizer que a Vale tem um bom espaço para ganhar nessa diferença. Mas se pararmos para pensar de um ponto de vista mais pragmático, não faz muito sentido o minério de ferro estar precificado mais barato que o custo de produção de uma das grandes empresas do mundo no segmento.

Suponhamos que a empresa ABC é uma gigante produtora de minério de ferro na Ásia. Se essa empresa tem um custo de produção de US$120 por tonelada e o preço da tonelada no mercado é de US$100, a empresa não tem a capacidade de continuar operando por muito tempo, caso o preço do minério se mantenha. Não valeria a pena.

O que normalmente acontece é que o preço do minério é negociado em patamares superiores ao custo de produção das maiores empresas do mundo no segmento. Isso tudo por uma questão lógica: para que a empresa tenha alguma vantagem/retorno em continuar a produção.

Dessa forma, tiramos a primeira conclusão sobre as commodities: o custo de produção é um indicador importantíssimo. As maiores empresas, que naturalmente tendem a ter os menores custos de produção e, assim, têm também vantagens nas margens de ganho e que, em última instância, se traduzem em vantagens competitivas frente aos concorrentes.

Prosseguindo, não basta apenas ter um custo de produção baixo perante seus pares, é preciso também ser uma empresa não muito alavancada. Isso tudo porque uma companhia pode ter adquirido muitas dívidas para, por exemplo, acrescentar uma tecnologia de ponta que resultaria em um custo de produção mais baixo. Porém, caso ela tenha muitas despesas financeiras, essa vantagem pode não ser real na última linha. Então, duas características importantes em um setor commoditizado (que briga por preço): custo de produção baixo e a empresa ser pouco alavancada.

Por fim, gostaria de comentar sobre mais três pontos importantes para quem quer começar os estudos nesse mercado. O primeiro deles é a influência do dólar. Como o preço do minério é cotado em dólar e o custo da Vale, por exemplo, é em reais, uma valorização do dólar tende a ser positiva para a empresa, já que seu faturamento em reais aumenta, ao passo que seu custo tende a permanecer estável ou subir menos que o dólar. O segundo é que uma empresa gigante como a Vale é capaz de influenciar a cotação do preço de minério de ferro no mercado internacional. Já que a cotação é definida pela oferta e demanda, se a Vale produz menos minério, provavelmente o preço da tonelada sobe. O contrário também é verdade: se uma gigante como a Vale aumenta muito sua produção sem um aumento na demanda, o preço da tonelada tende a cair.

O terceiro e último ponto é sobre a polêmica que rodeia esse setor, principalmente entre os *value investors*, ou investidores de valor. Alguns acreditam que o investimento em empresas do setor de *commodity* não pode ser considerado um investimento de valor, uma vez que a cotação da *commodity* no mercado internacional é impossível de ser prevista. Eu tendo a acreditar e concordar com essa visão. Contudo, existe outra linha que entende que, se a empresa tem um baixo custo e é pouco alavancada, ela pode variar entre ganhos mais ou menos elevados, mas é um bom negócio e que ao longo do tempo gerará valor ao acionista.

Visão e opinião, cada um tem a sua, mas caso for investir em empresas de *commodities*, busque as companhias com os menores custos do setor e com menos dívida possível.

O MELHOR PIOR NEGÓCIO DO MUNDO

A tecnologia evolui e a sociedade muda. Como não poderia ser diferente, as empresas que se adaptam às mudanças e aprimoram suas operações sobrevivem e crescem. Quando a internet começou a ganhar espaço entre os meros mortais, diversas empresas também ganharam projeção, entre elas a American Online e a famosa Yahoo, que perceberam que existia um potencial muito grande na internet.

Ambas as empresas caminharam juntas nesse desenvolvimento. A American Online chegou a lançar seu produto Instant Messenger em 1989 e abriu capital na Bolsa de Valores em 1992. Contudo, enquanto a American Online passou a focar suas operações no progresso da banda larga, a Yahoo compreendeu melhor a questão do marketing online e seu potencial. Assim, podemos falar que a Yahoo foi a pioneira no seguimento de anúncios online e plantou a semente de um dos "melhores piores negócios do mundo".

Se avançarmos alguns anos e avaliarmos o que aconteceu com essa semente que foi plantada, poderei explicar melhor o que quero dizer com "melhor pior negócio do mundo".

Hoje em dia, a American Online e a Yahoo se tornaram praticamente irrelevantes no segmento que elas mesmas desenvolveram. Ironicamente, ambas foram adquiridas recentemente pela Verizon. Cada uma foi vendida por aproximadamente US$4,5 bilhões, apenas uma fração do valor em que já foram avaliadas, principalmente no auge da bolha das "ponto com", quando a bolsa de Nasdaq chegou a cair quase 80%. A diferença se acentua ainda mais ao comparar essas empresas com o valor de mercado do Facebook, que no momento em que escrevo é de US$865 bilhões. Como disse o fundador da Alibaba, Jack Ma, "Todo império será derrubado algum dia, mas um ecossistema é sustentável". Isso é exatamente o que aconteceu na internet.

Esse modelo de vender pequenos espaços na internet para grandes empresas anunciarem se tornou bastante poderoso e hoje atinge margens brutas próximas de 90%. Ou seja, para algumas empresas, é uma máquina de fazer dinheiro. Porém, quase 100% da receita do Facebook tem origem nesses anúncios, cujo espaço eles vendem para diversas empresas ao redor do mundo.

Apesar de ser um negócio com margens fenomenais e custos marginais que são muito próximos a zero, é apenas um tipo de operação que sustenta uma empresa de quase US$1 trilhão. Se por qualquer motivo o Facebook não puder mais vender espaço para anunciantes ou as empresas perderem o interesse pelo modelo, a receita ficará perto de zero.

Então, apesar de ser uma companhia com uma operação principal que é claramente muito positiva, existe uma dependência muito grande de apenas uma fonte de receita. Isso é bom e ruim ao mesmo tempo. Bom pelo excelente mercado em que eles se encaixaram e ruim por estarem muito vulneráveis a mudanças no ambiente de anúncios online devido à concentração de suas receitas.

Duas conclusões nessa história: a primeira é a de que, a julgar pela American Online e pela Yahoo, nem sempre quem inventa um negócio lucrativo chega ao pote de ouro no fim do arco-íris. A segunda é a de que, por mais atraente que pareça o negócio de uma empresa, sempre existem pontos negativos, e caberá ao investidor ponderar todas as informações e tomar sua decisão.

O MERCADO EFICIENTE

O economista Eugene Fama, vencedor do Prêmio Nobel de Economia, desenvolveu a hipótese de mercados eficientes, que é basicamente a ideia de que o mercado sempre está no preço correto, o que invalidaria todas as discussões acerca do que os investidores acham sobre o preço de uma ação, já que os papéis simplesmente estariam sempre nos seus respectivos valores justos.

Fama dividiu essa ideia em três níveis: o primeiro é o fraco, onde as informações contidas nos preços passados não servem para análises que seriam a base para resultados acima da média. O segundo, o semiforte, na qual se acredita que nenhum investidor consegue ter resultados anormais utilizando as informações disponíveis publicamente. E por último, o forte, que determina que nenhum investidor pode obter retornos anormais usando qualquer tipo de informação, seja ela disponível publicamente ou confidencial. Assim, principalmente se levarmos em conta o segundo e o terceiro níveis, os preços dos ativos refletem de forma imediata todas as informações.

O que posso dizer é que não sou capaz de invalidar a hipótese de Fama pelos meios acadêmicos tradicionais, mas empiricamente, ela não parece fazer tanto sentido. No Brasil, por exemplo, é só avaliarmos o quanto nosso mercado de capitais é subdesenvolvido e o tanto que isso afeta diretamente os preços. Isso tudo sem avaliarmos a parte emocional, que com certeza é um fator-chave. Uma alternativa à hipótese de mercados eficientes foi criada posteriormente e sem o intuito direto de ser a figura antagônica da ideia de Fama. Essa alternativa foi elaborada e desenvolvida no campo das finanças comportamentais com os estudos de Daniel Kahneman e Amos Tversky, que, em suma, podem ser interpretados como um questionamento à veracidade de uma premissa que foi utilizada como base de diversos estudos acadêmicos sobre finanças, que é a ideia de que o investidor, no processo de tomada de decisão, é sempre racional.

No mercado norte-americano, essa discussão sobre eles terem chegado a um nível em que é impossível "bater o mercado" (ter um retorno melhor do que o principal índice da Bolsa) está cada vez mais presente, principalmente após os últimos anos. Respaldada preponderantemente pelos retornos de Warren Buffett, que não foi capaz de *performar* melhor que o S&P 500 na última década, a discussão fica cada vez mais acalorada. Realmente, a hipótese de mercados eficientes faz mais sentido se aplicada a mercados mais desenvolvidos, mas mesmo assim, existem diversas outras questões que devem ser analisadas, e não acredito que seja uma análise tão simples a ponto de falar que o mercado é eficiente simplesmente porque um gênio passou alguns anos sem superar o principal *benchmark* norte-americano.

Nós passamos por um período de alta nos preços da Bolsa jamais vistos antes. De 2009 até 2020, a trajetória foi de alta. Foram mais de onze anos de *Bull Market*, que tem a possibilidade de se estender ainda mais, mesmo pós-coronavírus. A consequência de todo esse período de alta contínua é que o emocional foi pouco colocado à prova durante essa fase, foi tudo muito rápido e testou pouco a resiliência dos investidores. Para mim, o aspecto comportamental é o maior diferencial para um bom investidor. Antes, exemplos de gestores que tiveram resultados excepcionais eram as maiores críticas à hipótese de eficiência de mercado. Atualmente, as finanças comportamentais são o foco dos questionamentos a Fama e sua ideia. Não tenho dúvida de que lidar com a parte emocional é infinitamente mais difícil do que escolher boas empresas para seu portfólio. Dessa forma, em momentos de grande tensão, o emocional é posto à prova e são colocadas as sementes para bons investimentos, que eventualmente superarão os *benchmarks*.

Outro grande embate se dá entre a academia, com representantes como Harry Markowitz, William Sharpe e o próprio Eugene Fama. Esse primeiro grupo entende a volatilidade como a medida mais eficaz de enxergar o risco, com a diversificação sendo seu antídoto e o mercado estando mais próximo da eficiência.

De outro lado, na parte mais prática do mercado, temos alguns investidores adeptos ao investimento em valor, que visa encontrar ações com preços descontados perante seu real valor. Essa segunda corrente conta com nomes como os parceiros Charlie Munger e Warren Buffett. Eu tendo a concordar mais com esse segundo grupo, e o motivo disso está resumido em uma frase dita por Munger na conferência anual da Berkshire Hathaway de 2004:

> "Não acreditamos que os mercados sejam totalmente eficientes e não acreditamos que a diversificação generalizada trará bons resultados. Acreditamos que quase todos os bons investimentos envolverão uma diversificação relativamente baixa. Talvez 2% das pessoas venham para o nosso canto da tenda, e os 98% restantes acreditarão no que lhes foi dito (sobre diversificação e eficiência de mercado)."

E se avaliarmos o histórico de seus investimentos, quando Munger fala em uma "diversificação relativamente baixa", ele está se referindo a uma carteira com dez a quinze ações, e não duas ou três. Esse é o padrão que ele e Buffett sempre utilizaram durante os anos. Em um artigo publicado em 2009, o jornalista Jason Zweig completa bem a ideia:

> "Até o grande analista de investimentos Benjamin Graham falou 'diversificação adequada, embora não excessiva', que ele definiu entre 10 e cerca de 30 ações."

Tal diversificação adequada, mas não excessiva, citada por Graham como sendo um ideal entre dez e trinta ações já foi adaptada pela nova geração de investidores que o seguem, e diversas vezes Buffett e Munger disseram que a maior parte da carteira deve estar concentrada em um número consideravelmente menor do que o limite estabelecido de trinta ações por Graham.

De qualquer forma, prefiro ficar com essa visão mais próxima dos investidores de valor e bem definida por Howard Marks. Ele acredita que em alguns setores com muita previsibilidade e com acesso amplo à informação, o mercado realmente tende a ser eficiente. Contudo, para ele, é claro que o mercado não é 100% eficiente em todos os setores e nem em 100% do tempo.

Seguindo pelo caminho proposto por Marks quanto à eficiência de mercado, tentaremos responder quantas ações devemos ter em nossa carteira. Para seguir no embalo das frases da corrente dos investidores de valor, começaremos com uma de Philip Fisher, dita em 1958:

> "A ideia da diversificação foi difundida de tal forma que o medo de ter muitos ovos na mesma cesta os levou a colocar muito pouco em empresas que conhecem perfeitamente e demais em outras das quais nada sabem."

Um dos poucos conceitos que é quase unanimidade entre os investidores é a diversificação. Ela tem que existir, ninguém é louco de colocar todas suas economias em apenas uma empresa. Todavia, em que nível devemos diversificar nossa carteira de ações? A melhor maneira de responder a isso não é fazendo afirmativas exatas. De nada adianta eu ter vinte ações na minha carteira se todas elas são de apenas um setor, por exemplo. Sua carteira provavelmente ficaria mais arriscada que um portfólio com dez ações de setores diferentes.

Então, diversificar por diversificar não te leva a lugar nenhum. Sua carteira deve ser diversificada levando em consideração dois grandes aspectos. O primeiro deles é investir em setores diferentes. O segundo é que você entenda a dinâmica da área de atuação das empresas investidas e as peculiaridades de cada companhia dentro de seu portfólio.

Como sempre argumentou Philip Fisher, diversificar apenas para diluir a volatilidade, entendida como risco pela maioria das pessoas, não faz sentido. O que é realmente inteligente é saber onde você está colocando seu dinheiro. Ao fazer uma boa análise das empresas, é possível aumentar suas chances de sucesso no investimento, ao passo que é diluído o verdadeiro risco, que é o de errar em sua análise ou o de um fato oculto aparecer.

Pessoalmente, me atenho ao limite de doze ações em minha carteira por uma questão de matemática básica.

Suponhamos que eu tenha optado por investir em dez ações durante dez anos, e, a critério de facilitar nossa conta, as ações começaram com a mesma proporção na carteira. Se eu errei na análise de duas empresas e elas acabaram encerrando as operações, eu perdi todo meu investimento nas duas companhias. Contudo, caso acerte em cheio em uma empresa e ela me dê um retorno de 1.000% (algo bem possível de acontecer), enquanto outra me entregue 200%, outras duas me deem um retorno de 100%, e as outras quatro permaneçam no mesmo patamar de preço, obtive sucesso.

A critério de comparação, mais de 20 ações do Ibovespa subiram mais de 250% entre 2010 e 2020.

Retorno da Carteira com 10 ações			
Ação	Valor Investido	Retorno em 10 anos	Valor final
1	100	1.000%	1.100
2	100	200%	300
3	100	100%	200
4	100	100%	200
5	100	0%	100
6	100	0%	100

Retorno da Carteira com 10 ações			
Ação	Valor Investido	Retorno em 10 anos	Valor final
7	100	0%	100
8	100	0%	100
9	100	-100%	0
10	100	-100%	0
Total	1.000		2.200

Resultado	120,00%
Ibovespa	68,47%
Diferença	51,53%

Mesmo com essa projeção conservadora, o resultado final da carteira é de 120% em 10 anos. No momento em que escrevo este livro, esse é um retorno 50% maior do que o do principal índice da Bolsa brasileira, o Ibovespa, no mesmo período.

Obviamente, essa é apenas uma possibilidade. Diversos outros fatores podem exercer influência sobre o resultado final. Mas o fato é que, caso consiga acertar em cheio em apenas uma das dez ações que você escolheu para sua carteira, você aumenta muito suas chances de ter uma rentabilidade maior que a do principal índice da Bolsa. Além disso, faz muito mais sentido ter dez ações das quais você consiga acompanhar os resultados e entender o funcionamento dessas empresas do que ter trinta ou quarenta companhias no seu portfólio, sendo que, para muitas delas, o acompanhamento não ocorrerá e mal seria possível realmente estudá-las a fundo.

ANTIFRAGILIDADE

Um dos motivos pelos quais eu comecei minha jornada como youtuber é que raramente você vai encontrar alguma profissão mais antifrágil do que essa. Quando alguém assiste ao seu vídeo e gosta, logo quer mandar para um amigo, e quando alguém assiste ao seu vídeo e não gosta, continua querendo mandar para um amigo. Não interessa se a pessoa gosta ou não, o que interessa é que ela tende a compartilhar. O youtuber ganha quase de qualquer jeito.

Talvez você ainda não tenha entendido o conceito de antifrágil, criado pelo estatístico Nassim Taleb. Então vamos lá: simplificando, a antifragilidade gira em torno de se fortalecer quando surgir alguma situação que aparentemente é negativa. Voltando ao caso do youtuber, a princípio, eu não gostaria de forma alguma de ver alguém não gostar de um vídeo que postei e sair falando nos grupos de amigos que sou uma piada ambulante. Contudo, se você parar para pensar, isso seria ótimo para mim, porque as pessoas que não me conheciam passarão a me conhecer, algumas gostarão, e minhas visualizações subirão. Consequentemente, ganharei mais dinheiro e mais possibilidade de chegar ao público que apreciará o conteúdo.

Essa mesma ideia se repete para outras ocasiões, como no caso da briga que aconteceu entre XP e Itaú. Resumindo a história: o Itaú fez uma propaganda criticando indiretamente a XP e falando que o melhor lugar para investir é o próprio Itaú. O antifrágil da história, sem dúvida nenhuma, é a XP. O Itaú ir em rede nacional criticar a XP só faz mais pessoas pesquisarem e entenderem melhor o que é essa nova corretora que está surgindo. A consequência? Podem gostar do que descobriram e se tornar clientes. Nesses casos, e empresa consolidada tem mais a perder do que a ganhar.

E o mais interessante de tudo isso é que ainda existe a mentalidade em algumas grandes organizações de que "não podemos deixar eles nos atacarem dessa forma, temos que reprimir essa fala deles". E é com esse pensamento que uma nota é emitida, um executivo se pronuncia, a história ganha mídia e a mensagem, que era inicialmente para ser reprimida, na verdade é espalhada e chega a pessoas que não faziam ideia do que estava acontecendo. Quanto mais você responde, mais visibilidade você entrega.

Óbvio que existe um limite nessa brincadeira. Eu não posso me valer desse conceito de antifragilidade e gravar um vídeo falando que reserva de emergência é uma besteira. Isso poderia surtir um efeito viral de curto prazo, mas provavelmente não seria interessante no longo prazo, já que eu ficaria conhecido por uma fala totalmente errada. Isso tudo além de evidentemente ferir meus princípios, pois seria uma grave violação daquilo em que acredito, já que a reserva de emergência é indiscutivelmente o primeiro passo para que você comece seus investimentos. Fora isso, o objetivo não é colocar uma melancia na sua cabeça e chamar atenção a qualquer custo, mas sim se beneficiar de alguma crítica sobre algo que você falou naturalmente.

E esse conceito é de suma importância para você se beneficiar de situações que aparentemente são adversas. Muitos empreendedores já colocavam isso em prática muito antes que Taleb estruturasse melhor a ideia. Talvez o nome que dessem não fosse tão pomposo quanto "antifrágil", e sim uma famosa expressão: "Se te derem um limão, faça uma limonada." Mas a verdade é que essa sempre foi uma mentalidade vencedora contra o vitimismo e a favor do crescimento, tendo como ferramenta a inteligência emocional. Tenha sempre uma mentalidade vencedora e utilize a antifragilidade em sua vida e em seus investimentos.

ERROS

Todos nós cometemos erros em nossas respectivas trajetórias como investidores, e sempre gosto de falar que o melhor modo de você errar menos é aprender com os erros de outras pessoas e, a partir daí, se policiar para não cair nas mesmas armadilhas. Por isso, listei alguns dos principais erros cometidos por investidores, alguns dos quais eu já cometi. Então tenho propriedade para dizer que cometi alguns erros, mas que você pode evitá-los.

1. Cotação diária: um imóvel não tem sua cotação a todo instante, mostrando se seu preço subiu ou caiu. Não existe essa cotação instantânea, e por isso as pessoas não se preocupam tanto, muito menos se desesperam com o preço de seus imóveis. Já uma ação tem seu preço mudando a todo segundo, e muitas pessoas que entram na Bolsa não têm essa estabilidade emocional de ver seu patrimônio variando 5% ou mais em um dia, seja para cima ou para baixo.

Você deve estar se perguntando: como alguém não tem estabilidade emocional para ver ações subindo? Isso é uma maravilha, todo mundo consegue! Quem não quer ganhar uma fortuna em pouco tempo?

Justamente por esse tipo de pergunta, muitas pessoas não têm o controle emocional exigido para ser um investidor. Investir não é se sentir rico ou mais feliz quando suas ações sobem. Investir é acumular e saber o que você está fazendo com seu dinheiro.

Mas vamos aos próximos dois principais erros, que são oriundos do primeiro, da cotação diária, e que, consequentemente, afetam sua visão sobre o que realmente é uma ação.

2. Muitos cometem um erro ao ver suas ações caírem: vender. É um grande erro? Sim, vender sua participação em empresas única e exclusivamente porque elas caíram é um erro e não faz sentido.

Volto a dizer: se seu imóvel tivesse cotação atualizada diariamente, você também ficaria preocupado e poderia acabar vendendo sem que nada de ruim tivesse ocorrido.

A vizinhança piorou? O espaço de seu imóvel diminuiu? O bairro perdeu prestígio? Ficou perigoso? Pois é, provavelmente nada disso aconteceu.

Mas tente vender seu apartamento em meio a uma crise. Você verá que ele tem, sim, sua cotação sendo atualizada, você apenas não a vê.

A reação se difere muito quando falamos sobre imóveis e sobre ações.

"Você quer meu apartamento por essa merreca? Jamais vou vendê-lo por esse preço."

"Não acredito que minhas ações caíram 20%. Tenho que vender urgentemente."

Você enxerga a discrepância irracional?

Não faz sentido você tratar seus investimentos de maneiras tão distintas. Se seu apartamento desvalorizou, você se recusa a vender, mas se suas ações se desvalorizaram, você corre para vender. Não faz sentido.

Pense da seguinte forma: toda empresa tem um controlador, que é a pessoa ou o grupo que possui a maior parte das ações da empresa, logo, comanda essa companhia. Na maioria das vezes, há, ainda, membros no conselho e com votos em relação à estratégia da empresa.

Você acha que essas pessoas aceitarão vender suas ações só por que os preços caíram? Dificilmente você verá isso, e facilmente verá empresas emitindo novas ações, se capitalizando, e até mesmo controladores vendendo parte de suas ações quando elas estão em alta.

Por que isso? Simplesmente porque eles são do "jogo" e entendem como as coisas funcionam. Dificilmente na queda é o momento correto de se vender, principalmente quando a queda é relativa ao mercado, e não à empresa em específico. Exemplos recentes: Joesley Day, greve dos caminhoneiros, coronavírus.

Dessa forma, nesses períodos difíceis, eles dizem: "Jamais venderia minhas ações nesse preço. Que piada!"

Assim como o dono de um apartamento.

3. Confiança em excesso: para mim, o pior erro, muito cometido por alguns investidores, não é vender no desespero da queda, mas sim se sentirem invencíveis quando suas ações sobem e optarem por colocar cada vez mais parte de seu patrimônio em ações.

Se sentir confiante demais é um erro que destrói muitos investidores, é o típico sentimento que leva o investidor a cometer um grande erro. Colocar mais dinheiro em uma classe de ativos arriscados do que ele aguenta tomar de risco é um caminho que pode fazer o investidor perder muito dinheiro.

É muito comum, também, atrelar sua vida pessoal à sua carteira de investimentos.

"Só nesse mês ganhei 20% com minhas ações! Vou me dar um presente!"

Frases como essa são normais, por incrível que pareça.

Desculpa, mas, como diria minha mãe, "não é assim que a banda toca". Jamais guie sua vida pessoal pelo rendimento de sua carteira de investimentos.

Não seguir o planejamento de colocar apenas um percentual que você entende como aceitável em ativos de risco e associar sua vida pessoal aos seus investimentos são dois erros que custam muito caro. Às vezes mais caro do que vender uma ação em queda.

Cuidado e humildade nunca são demais.

4. Educação financeira básica: nem sempre o investidor que vende ações em queda toma essa atitude tomado pelo desespero de ver seu patrimônio caindo. Muitas vezes ele faz isso porque não tem mais alternativas e precisa do dinheiro para pagar contas ou dívidas.

Dessa forma, já lhe digo: não adianta nada ter entendido o que realmente é uma ação se você comete o erro de investir mais do que deveria ou começar a investir sem antes ter sua reserva de emergência.

Reserva de emergência nada mais é que o seu custo de vida de um ano. Quanto você gasta por mês para se manter, pagar as contas, ir para festas ou restaurante e aproveitar seu tempo livre? Pegue esse valor, multiplique por doze e deixe em um produto financeiro:

a. com muita liquidez (resgate a qualquer hora);

b. de preferência, que te proteja da inflação, afinal, quando você precisar desse dinheiro, ele deve ser proporcional;

c. com baixa volatilidade, ou seja, que o capital investido não oscile muito;

d. seguro, sem riscos de você não conseguir sacar ou de perder dinheiro.

Muitos especialistas divergem quanto ao período. Uns falam que, se você não tem família para sustentar, pode ter apenas seis meses de custos cobertos, por exemplo. Nesse quesito, quanto mais velho você for, maior o tempo que sua reserva de emergência deve te bancar.

Fato é que, tendo sua reserva de emergência, você conseguirá focar em controlar seus pensamentos e suas ansiedades, pois ter em Bolsa um dinheiro de que você não depende para viver é muito mais fácil do que ter um dinheiro de que você pode precisar no curto ou médio prazo. Pode confiar em mim.

FUNDO IMOBILIÁRIO OU AÇÕES

Para mim, não existe discussão. Entre ações de uma boa empresa e a cota de um fundo imobiliário, eu fico com as ações.

Minha ideia acerca disso não é complexa e nem muito bem elaborada, nada do tipo. Na verdade, é bem simples e pode causar bastante polêmica e até mesmo ser muito criticada.

Enfim, não será minha primeira opinião impopular, e muito menos a última, mas gostaria de esclarecer tal opinião sobre o tema. Em alguns poucos momentos de minha vida, tive fundos imobiliários em carteira, e quase sempre foi quando eu tinha dificuldades de encontrar boas oportunidades em ações.

Para mim, uma empresa bem administrada tende a estar sempre gerando valor para o acionista. Obviamente, em alguns momentos gerará mais valor, e em outros, menos, mas está sempre em busca de melhores resultados. Algumas empresas, inclusive, já chegaram no limite de tamanho/*market share* imposto pelos reguladores. Ainda assim, para essas companhias, a busca pela excelência nos processos pode melhorar os resultados. Sempre existe algo a ser feito em uma empresa com o objetivo de torná-la melhor. Sempre.

Eu não tenho esse mesmo sentimento quanto aos fundos imobiliários. Enquanto a grande maioria deles distribui 100% do lucro para seus contistas, a maior parte das empresas não faz isso para seus acionistas. E por mais incrível que pareça, no primeiro momento, esse é um grande defeito dos fundos imobiliários.

O papel de uma boa empresa é utilizar o lucro para encontrar projetos que podem ter uma taxa de retorno maior do que o acionista poderia ter caso tivesse esse lucro em seu bolso. Obviamente que é papel da empresa avaliar as oportunidades de forma metódica, e caso não existam projetos atrativos, a melhor saída é entregar o lucro aos acionistas.

Por isso, a primeira atitude ao receber meus dividendos é procurar novas oportunidades em empresas ou aumentar a posição nas quais eu já tenho. Boas empresas, com um bom histórico, em um bom segmento e com escala, naturalmente tendem a me dar um retorno maior nos empreendimentos delas do que eu conseguiria fazer sozinho com a mesma quantia. O motivo? Uma companhia já consolidada tem diversas vantagens na hora de negociar com fornecedores e outros parceiros, tem uma facilidade maior de conseguir uma boa linha de crédito e até mesmo de encontrar clientes. As grandes companhias exploram, ou ao menos tentam explorar, essas oportunidades que são apresentadas. Esse movimento nos fundos imobiliários não se dá com a mesma intensidade, até porque, muitas vezes, o objetivo não é esse.

Mas esse não ser o propósito não diminui minha impressão de que os fundos imobiliários parecem os famosos acomodados. A grande maioria deles são os chamados fundos de tijolos, que são aqueles que cuidam da gestão de imóveis. Confesso que acho difícil que um fundo imobiliário nessas condições citadas entregue muito retorno para seus cotistas em longo prazo. Dificilmente imóveis se valorizam tanto ano após ano a ponto de ser um excelente negócio se ainda colocarmos na conta os custos operacionais relativos à taxa de administração, por exemplo. Não acredito que o retorno de um fundo imobiliário seja mais vantajoso que o de uma empresa, e muito menos que uma carteira de bons fundos imobiliários seja mais vantajosa do que uma carteira de boas ações.

E muitos ainda podem dizer: o fundo imobiliário não deixa de ser uma empresa!

É verdade, é uma empresa, mas tem um objetivo muito diferente. Para ilustrar isso, vamos falar sobre uma companhia listada na B3, do segmento de investimentos imobiliários: a BrProperties.

A empresa tem foco basicamente em adquirir, incorporar e vender imóveis comerciais. Apesar de acreditar que não seja o caso específico dessa empresa, vamos supor que ela sofra muito com uma mudança generalizada no mercado imobiliário, causada principalmente pelas alterações nos padrões de trabalho em escritórios.

Agora vamos supor também que as empresas, de forma geral, reduzam consideravelmente o espaço de suas sedes, já que o trabalho remoto parece ser a melhor alternativa. A BrProperties poderia estar em maus lençóis? Pode ser que sim, mas te garanto que um fundo imobiliário com imóveis parecidos estaria em uma posição muito pior.

Digo isso porque boas empresas foram feitas para mudar, se adaptar e sobreviver, e muitas já provaram que conseguem fazer isso. Claro, existem diversas empresas que falharam nessa tarefa, são incontáveis os casos de companhias que sumiram pois não conseguiram mudar. Contudo, uma boa empresa, impreterivelmente, tem bons gestores, que podem, sim, perceber mudanças no mercado de atuação e buscar adaptação.

Se caso a hipótese de mudança nos padrões de trabalho se confirme, a BrProperties pode começar a diversificar seus investimentos em imóveis residenciais e passar a oferecer serviços mais adequados à nova realidade, como adquirir edifícios residenciais e adaptá-los para os executivos, oferecendo serviços que facilitem a vida deles, como lavanderia, comida de boa qualidade e uma maior estrutura relacionada à internet.

Estou apenas especulando, não sei o que eles deveriam de fato fazer, mas tenho muito claro que é mais fácil uma empresa nesses moldes se adaptar do que um fundo que gere imóveis. Esse é um dos motivos pelos quais boas empresas tendem a ter um retorno maior no longo prazo.

E vamos aproveitar a ocasião para desmistificar outra questão. Parece que estão difundindo a ideia de que fundo imobiliário tem menos risco do que as ações. Mentira. Se medirmos por volatilidade? Sim, fundos imobiliários tendem a ser menos voláteis que ações. No entanto, volatilidade para quem investe em valor não é um risco por si só.

E mesmo que você considere a volatilidade, da forma aceita academicamente, como sendo uma medida de risco, o desvio-padrão de fundos imobiliários já mostra que você terá bastante risco em seu investimento.

Se voltarmos à crise do coronavírus, será possível identificar alguns fundos imobiliários de shoppings, queridinhos do mercado, que caíram até 60%. Caso eu acreditasse que volatilidade é risco e visse meu investimento cair 60%, ficaria preocupado. No caso, eu não acredito que volatilidade seja risco.

De qualquer forma, quem tem fundos imobiliários deveria fazer o questionamento e entender o que esses fundos fariam caso as coisas saíssem da zona de conforto e, especialmente, quanto tempo eles levariam para tomar as decisões corretas. Se demorarem muito, você pode acabar tendo pagado muito caro pelas suas cotas, mesmo achando que foi uma barganha no momento da compra.

COMO MEDIR O RISCO?

Sempre digo que você deve conhecer seu perfil de risco, mas nunca te disse como medir o risco de uma carteira e, assim, quantificar o risco que aceita tomar. Eu nunca discorri sobre isso porque não acredito que seja algo simples de ser feito a ponto de colocarmos em números o risco que você aceita tomar. Na verdade, lamento informar, mas eu nem mesmo acredito que o risco pode ser quantificado. E definitivamente não acho que pode ser quantificado da forma que é atualmente aceita, já que a medida de risco academicamente mais usual é a volatilidade, e, para mim, ela não é uma representação direta de risco.

Entretanto, posso concordar que para algumas pessoas, volatilidade é, sem dúvida nenhuma, sinônimo de risco. Se alguém tem a tendência de vender ativos única e exclusivamente devido à variação de seu preço, da volatilidade, inquestionavelmente isso é um risco. Não necessariamente pela volatilidade em si, mas sim pela reação da pessoa. Coitada da volatilidade! Não vamos culpá-la por um erro do indivíduo.

Então, para esse perfil de investidor, pode ser útil quantificar o risco da maneira tradicional, uma vez que ele é sensível a essas variações, certo? Não.

Se você seguir essa ideia de que volatilidade é risco, nem mesmo uma carteira diversificada te salvará totalmente desse problema. Em tempos de crises globais, a correlação de ativos tende a um, tudo cai. Markowitz provou estatisticamente que uma diversificação bem-feita realmente dilui o risco não sistemático, mas também avisou que o risco sistêmico é mantido. Ou seja, por mais que você dilua o risco de seus investimentos, ele nunca chegará a zero, e por mais que diversos fundos de investimentos tenham tentado colocar em prática mecanismos de negociação automática de ativos embasados na Teoria do Portfólio de Markowitz, nenhum foi bem-sucedido. Quem conseguiu fazer uma inteligência artificial de negociação na Bolsa de Valores com um sucesso incontestável foi Jim Simons, com seu fundo Melallion. Contudo, esse sucesso passa longe de ser embasado na teoria de Markowitz.

Então, se para você volatilidade é risco, sinto dizer, mas a diversificação não te salvará desse problema para sempre, já que eventualmente você verá uma oscilação forte de seu patrimônio, que, em sua cabeça, estava seguro graças à diversificação. Para esse problema, recorro a Felipe Miranda, um cara genial que mudou o mercado de capitais brasileiro e é um dos grandes influenciadores deste livro, principalmente em seu formato de pequenos capítulos. Felipe escreveu em alguma carta que, em sua visão, a Barbell Strategy, do ensaísta Nassim Taleb, supera as ideias de diversificação de Markowitz.

Concordo com essa comparação, em especial para os investidores para os quais a volatilidade representa um risco. A Barbell Strategy de Taleb afirma basicamente que você deve ter grande parte de sua carteira em ativos que realmente tenham o risco baixo, como títulos públicos ou bons fundos DI. Apenas em uma pequena parcela de sua carteira você deveria diversificar em ativos de bastante risco. Seria aquela parte do portfólio que você aceitaria ver "virando pó" sem mudar em nada sua vida.

Essa ideia realmente é a mais adequada para a turma que se desespera com a volatilidade. Isso tudo porque uma microparte de sua carteira estará exposta a riscos altos, porém calculados e cujo investidor tem consciência prévia de que pode perder tudo que foi depositado em ativos de risco, mas que em algum momento pode ser a parcela responsável por grande parte de seu retorno. Então, se você tem a maior fração de sua carteira protegida e a consciência de que o que está alocado em risco tem a real possibilidade de sumir, você passa a ver a volatilidade como sendo apenas parte de uma estratégia, e não como um risco.

Obviamente, não será lendo este texto que será possível executar essa ideia da maneira adequada. Esse não é o objetivo aqui. Contudo, é importante saber de sua existência e, se for do interesse, ir atrás de modos de implantar esse método em sua carteira da maneira correta.

Em resumo, Markowitz trava uma luta contra a volatilidade usando a diversificação como arma. Taleb usa a volatilidade a seu favor, usando os extremos como sua arma. Por isso existe total sentido na preferência de Felipe Miranda por Taleb em detrimento de Markowitz. Apesar de, pessoalmente, eu não utilizar integralmente a Barbell Strategy em minha carteira, também entendo que faz mais sentido, principalmente para iniciantes.

E o principal motivo dessa preferência é que é inútil quantificar matematicamente riscos da forma tradicional, ainda mais para um investidor pessoa física. Com perdão aos estatísticos, acredito que a melhor maneira de simplificar investimentos e evitar perdas para os iniciantes é ter uma visão binária. Ou tem risco alto ou tem um risco baixíssimo (não existe nada com absolutamente zero risco, nem mesmo os títulos públicos).

Não adianta vir com esse papo de meio-termo: "Fundo imobiliário não é tão arriscado quanto ação e te entrega uma renda mensal!" Esse é só um de tantos queridinhos de quem investe pensando apenas nos retornos. Na hora que for para chacoalhar, não tem quem segure. Se a volatilidade é um risco para você, não existe meio risco, existe apenas o com risco e o quase sem risco.

Agora sim, voltando à pergunta inicial, você não entende o risco que aguenta fazendo cálculos, e sim compreendendo de verdade o que está fazendo, tendo objetivos bem definidos, para saber o que você pode ou não colocar em risco (responda à seguinte pergunta: o que você não pode perder de jeito nenhum?), e principalmente indo devagar. Muitas pessoas acabam conhecendo seu verdadeiro perfil de risco ao perder muito dinheiro, e o objetivo aqui é evitar isso.

É IMPORTANTE SABER DO QUE TER MEDO

Em meio ao grande aumento da produção do algodão, que fez a Palestina ser incorporada aos negócios globais durante o século XIX, surgiu um grande líder, responsável por algumas províncias na região. O nome dele era Ahmad Pasha al--Jazzar, um ex-escravo egípcio, também conhecido como Al-Saffah, ou, traduzindo, "O carniceiro". Pelo apelido, podemos dizer que ele não era uma das figuras mais amorosas do Oriente Médio. Reza a lenda que o medo que os servos de al-Jazzar tinham dele era tanto, que, após o chefe morrer, eles esperaram três dias para entrar na construção que havia sido feita em cima de seu túmulo.

Histórias de pessoas terríveis como essa são comuns. Para se ter uma ideia, o chefe militar do Egito no período pós-Napoleônico enviou seu filho, Ibrahim Pasha, para tomar parte da área em que hoje se encontram a Palestina, a Síria e o Líbano. A bondade desse também não era avantajada, e isso ficava claro quando as mães naquela região cegavam um olho de seus filhos deliberadamente para que suas crianças não servissem ao militar egípcio. Muitas vezes, nem isso era suficiente, pois Ibrahim, sabendo dessa prática, criou um exército de cegos de um dos olhos.

Eu não tenho nem palavras para descrever essas atrocidades em ambas as assombrosas situações. Contudo, me veio algo à cabeça ao adentrar um pouco mais aquele contexto. É importante fazer uma diferenciação entre do que devemos e do que não devemos ter medo. Uma pessoa apelidada de "Carniceiro" certamente é alguém que deve causar medo nas pessoas. Contudo, a partir do momento que o tal Carniceiro está enterrado, creio ser pouco racional temer seu espírito, por mais que ele tenha sido quem foi.

A mesma reflexão vale para a Bolsa de Valores. Com toda a certeza do mundo, investir em uma empresa que está com suas finanças totalmente vulneráveis e em um setor no qual a perspectiva é pouco otimista deveria te causar medo. Você pode acordar em um belo dia e essa empresa simplesmente desaparecer, e junto com ela, seu dinheiro. Isso, definitivamente, é digno de medo. Mas na minha visão, uma boa empresa, por mais que tenha alguns momentos melhores do que outros, ainda é uma boa empresa. O que eu quero dizer com isso? Suas ações de uma boa empresa podem subir, cair ou até mesmo dar piruetas, não interessa. Não deveria ser digno de medo para quem investe em companhias com boas perspectivas e a bons preços.

FUNDAMENTALMENTE

Investiu em uma empresa boa e pagando um valor que você considera baixo? Seu papel está feito, o que importa é que você, nesse processo de oscilações, tente tirar proveito e ganhe tempo.

Tudo isso me lembra bastante a famosa aventura vivida pelo capitão Shackleton e seus comandados em uma viagem para explorar a Antártica. A aventura acabou em naufrágio, e no momento em que o comandante percebeu que teriam que andar muito a fim de encontrar ajuda, sua atitude foi única e exemplar: abandonou na neve todos os seus pertences de valor (entre eles, vários utensílios de ouro).

Por mais que jogar ouro fora seja algo muito pouco comum e que cause espanto nas pessoas, naquele momento, ele tomou a decisão acertada. O medo de Shackleton naquele momento não era o de ficar pobre, e sim o de morrer. Por isso, optou por ficar o mais leve possível para prosseguir com sua viagem a pé. Acredite em mim, se você naufragar, seu medo será o de não sobreviver. Às vezes é necessário abdicar da maior oportunidade de lucro em prol de se manter vivo. Na Bolsa de Valores, quando tudo estiver desmoronando, sua preocupação deve ser a mesma. Investindo em boas empresas, seu risco de não sobreviver é muito diluído. Isso a história coloca exposto em letras garrafais bem na nossa frente. Empresas em bons setores e bem administradas passam por crises. Invista em boas empresas não para evitar volatilidade, pois isso você não conseguirá, mas sim pela sobrevivência.

Ainda tem outra questão de suma importância e que o investidor deve também temer, e não é a volatilidade em si, mas desconsiderar o risco de estar errado.

Um conceito muito básico na matemática financeira, mas que muitas vezes não é introduzido aos investidores iniciantes, é aquele de quanto uma queda representativa no seu patrimônio pode te fazer perder tempo correndo atrás do prejuízo.

Veja a tabela a seguir:

Queda	Quanto tem que subir para voltar
20%	25%
50%	100%
70%	233%
80%	400%
90%	900%

Essa é uma das tabelas mais importantes para que um iniciante na Bolsa de Valores tome consciência do que está fazendo. Já estou cansado de ser repetitivo quanto a minha visão sobre volatilidade ser bem diferente daquela das pessoas que a entendem como risco. Para mim, não é.

Contudo, é importante esclarecer um ponto: por mais que alguns acreditem que volatilidade seja risco e outros não, um consenso entre esses dois grupos acredito que esteja explícito na tabela anterior. Por mais que você entenda que o real cuidado que o investidor tem que ter está na seleção e no acompanhamento de empresas, é fato que é muito pouco interessante você ter uma perda significativa de seu patrimônio. Quanto mais longe você ficar disso, melhor.

Se você perde 50% de seu patrimônio, não precisará rentabilizá-lo nos mesmos 50% que perdeu. Agora, será necessário que ele suba 100% para retomar o antigo patamar. Pense comigo: se você tem R$100 e perde 50%, agora tem R$50. Contudo, se você pegar esses R$50, investi-los em um outro empreendimento e tiver 50% de retorno, ainda ficará com R$75, ou seja, R$25 aquém dos R$100 iniciais.

Isso pode ser uma perda de tempo para um investidor. É fato que você pode ter uma ação em sua carteira que caiu 50%, desde que você entenda que o panorama fundamental dela não mudou. De todo modo, é interessante avaliar a possibilidade de você estar errado e não ter que perder um bom tempo de sua trajetória financeira apenas para recuperar a quantia perdida. Não se preocupe com a volatilidade em si, mas com a possibilidade de estar errado e com um *drawdown* que te faça correr o risco de ir à ruína, de perder tudo. Para tal, além de considerar a possibilidade do erro, foque mais em qualidade do que em "grandes oportunidades", já que assim você diminui as chances de ver uma queda definitiva em algum de seus ativos. Jogue com o tempo a seu favor e não diversifique por medo da queda de seu patrimônio, mas sim pelo medo de errar.

AXIOMAS

Demorei, mas finalmente estou lendo um dos livros mais vendidos no mundo sobre finanças, o famigerado *Axiomas de Zurique*. Gostaria de discorrer sobre os motivos pelos quais eu, logo de cara, discordei do primeiro axioma apresentado no livro.

O primeiro grande axioma fala sobre risco, e a frase introdutória é: "Preocupação não é doença, mas sinal de saúde. Se você não está preocupado, não está arriscando o bastante."

Pois bem, eu acredito que esse não deve ser o caminho pelo qual o investidor deve nortear seus investimentos. Para mim a questão nunca é o risco, e sim a avaliação do retorno em potencial que você tem para tal risco. Correr mais risco pode ser válido, dependendo do seu apetite e de seus objetivos. O que não é valido é correr riscos desnecessários, ou seja, correr o mesmo risco para ter um retorno menor.

Tudo bem, compreendo que o risco está inserido intrinsecamente nos suíços de maneira geral. Com taxas de juros que nunca ajudaram os rentistas, o risco sempre foi a única saída para um maior rendimento.

Como exemplo desse risco tomado sistematicamente pelos suíços, podemos citar um caso bizarro que ocorreu durante o século XVIII, quando a França começou a emitir títulos da dívida com pagamento de juros anuais vitalícios para os compradores. Obviamente, o governo francês não tinha a capacidade de entregar esses resultados em longo prazo, ainda mais com todo o custo proveniente da guerra contra os britânicos que levaria à independência norte-americana. Mas durante um bom tempo a França honrou com seus compromissos, e adivinha quem estava ganhando bastante dinheiro com esses títulos que chegavam a pagar 10% ao ano de juros vitalícios? Os suíços.

Apesar de vedada a participação de estrangeiros nesse formato de remuneração da dívida francesa, os suíços passaram a usar alguns franceses como "laranjas" para comprar esses títulos. Em troca, os laranjas recebiam todo o suporte médico em uma espécie de contrato "ganha-ganha" em que os suíços ganhavam seus juros proporcionalmente ao tempo de vida dos laranjas. Já os cúmplices tinham a possibilidade de ser bem cuidados por bons médicos e, assim, viver mais.

Enfim, o risco sempre foi algo inerente aos suíços. Esse é um contexto muito importante para compreendermos um pouco da mentalidade estabelecida no livro. Por esse motivo, acredito que, no texto, é desconsiderado o perfil de cada pessoa no que diz respeito ao risco. Para o suíço em geral, não existe saída a não ser o risco. Contudo, a grande maioria das pessoas vive de seu trabalho, e não dos investimentos. A consequência direta desse fato é que elas não devem viver preocupadas com sua carteira e devem ter um portfólio que as faça se sentir confortáveis em segurá-lo no longo prazo. E isso é muito subjetivo. Algumas pessoas têm pavor de risco, e uma variação de 5% para baixo em seus investimentos é capaz de lhes causar um infarto. Contudo, também existe outra vertente comportamental, uma que vê o risco com maior naturalidade. De qualquer forma, o objetivo da grande maioria das pessoas deve ser ganhar mais dinheiro, economizar mais e investir de acordo com seu perfil.

Não se engane, ninguém gosta de perder dinheiro, mas as pessoas reagem de modos diferentes a oscilações em seus respectivos patrimônios. Acredito que posso enumerar alguns fatores que descrevem uma pessoa que aceita verdadeiramente mais riscos.

1. **Conhecimento técnico.** Você entender o que está fazendo é de suma importância para manter as rédeas de seus investimentos. Quem entende verdadeiramente o que está fazendo não enxerga ações, enxerga empresas. Assim, esse é o perfil que tem atitudes pautadas nas movimentações da companhia, e não nas das ações.

2. **Autoconhecimento.** Por mais que você tenha conhecimento técnico, todo o mundo tem seus limites, e é papel do investidor se conhecer melhor como pessoa. Sem isso, o risco acaba virando sinônimo de perda.

3. **Psicológico forte.** De nada adianta ter conhecimento técnico e se conhecer se você não conseguir ter o controle de suas atitudes e fazer o racional sobrepor o emocional.

Dificilmente você desenvolverá alguma dessas características ao ler um livro. Portanto, uma regra geral sobre o risco, como a exposta no primeiro axioma, pode causar mais confusão e incentivar os erros do que verdadeiramente ajudar o investidor. O foco nesse primeiro capítulo parece girar muito em torno de o risco ser benéfico e fala pouco das contrapartidas. Em resumo, o que ele diz é: corra riscos se quiser ficar rico, já que é o risco que traz prosperidade. Fica raso, não é?

Você deve estar achando que odiei o que li. Posso ter me expressado mal. Até então, não achei o livro ruim. Pelo contrário, ele traz alguns conceitos fundamentais, inclusive nesse primeiro axioma que gira em torno de risco. De forma geral, acho alguns conceitos pertinentes, pois existem diversas pessoas que não interpretam corretamente o conceito de risco quando aplicado aos investimentos. No livro, fica muito claro que risco é um recurso que você tem para eventualmente obter melhores retornos. Atrelar risco a retorno e retorno a risco é uma ideia básica importante. Esse é um conceito que nem sempre é verdadeiro, mas é um começo muito pertinente.

Meu único adendo é que, como tudo na vida, é preciso filtrar, e como esse livro é a primeira leitura de muitos investidores iniciantes, sugiro que tomem cuidado.

VOLATILIDADE GERA VOLATILIDADE

Todos os milhares de investidores que entraram na Bolsa de 2016 a 2020 ouviram, em algum momento, que as ações da Oi estavam baratas. Virou a ação queridinha da pessoa física. O papel foi dos R\$3 até R\$0,60 em 2 anos. Muitos compraram nos R\$3, outros compraram no meio do caminho, muitos se decepcionaram com as promessas rasas de dinheiro fácil e rápido, e outros tantos perceberam que não adianta fazer uma análise tão simples a ponto de achar que a Oi, só por ser uma empresa nacionalmente conhecida, não podia estar negociando por tão "pouco". Com R\$300 era possível comprar 100 ações de uma empresa que estava presente no nosso dia a dia. Mas, como você já deve estar ciente nessa altura do campeonato, o preço nominal não importa nada. Uma empresa que tem ações negociadas a R\$100 pode estar mais barata que os papéis de uma outra companhia que estão cotados a R\$2.

O que de fato aconteceu com as ações da Oi foi que eram uma das ações mais especulativas da Bolsa. Meia notícia já era o suficiente para fazer os papéis dispararem ou despencarem. As ações da Oi eram, e ainda são, uma loucura. Não são poucas as pessoas que conheço que entraram e saíram e depois entraram de novo e saíram de novo. Era praticamente a porta de entrada dos novos investidores na Bolsa.

No início de 2020, até cheguei a escrever um texto bem completo no meu blog explicando os motivos que me levaram a comprar ações da Oi. Eu realmente achava a assimetria de risco positiva perante o contexto. Alguns compreenderam minha visão, outros simplesmente acreditavam que eu tinha perdido o juízo e havia passado a ser um especulador. Mas o que importa é que investi pensando na empresa, como deve ser sempre. Deu bastante certo meu investimento. Eu havia comprado nos R\$0,80 e depois vendi uma parte aos R\$1,5, outra nos R\$2, e fiquei com o resto na carteira.

Mas o objetivo aqui não é recolher aplausos por ter feito um bom investimento. Os fatos nunca acontecem porque a gente previu algo, eles simplesmente acontecem, e nesse caso, acabou sendo um bom final para mim. O real objetivo aqui é explicar o motivo de minha venda. E na verdade é bem simples: diversas pessoas diretamente afetadas emocionalmente estão negociando os papéis, e por isso, acredito que estamos chegando no auge do estresse em ações da Oi. Explicarei por quê.

Muitas pessoas que compraram tiveram a oportunidade de ganhar dinheiro, mas acabaram perdendo. Foi nesse momento, ao ver o bonde passando, que compram de novo, mas qualquer movimento no preço desestabiliza esse guerreiro que já estava abalado. Ou seja, o sujeito que entrou querendo ganhar com essa volatilidade acaba causando mais volatilidade.

Em resumo, é uma ação com muita emoção e, por isso, totalmente imprevisível. O problema de quando há mais emoção do que o normal nos bastidores de uma ação não é a volatilidade, e sim a dúvida sobre por quanto tempo o papel pode ficar totalmente irracional. Inclusive, acho que ficou assim por muito tempo, pois racionalmente, eu não via motivos para os preços da Oi estarem abaixo de R$1 por ação (a companhia toda a R$6 bilhões). Além disso, a irracionalidade era tanta, que meu maior medo era a possibilidade de ocorrer um *inplit* (quando algumas ações são agrupadas em uma e o preço unitário sobe), mesmo que isso não mudasse em absolutamente nada o *case*.

Por isso, e tendo um lucro no bolso, prefiro me abster de participar de forma ativa de toda essa irracionalidade. Se tiver à minha disposição duas ações que eu entendo como proporcionalmente baratas, uma completamente tomada pelo ápice da irracionalidade do mercado e outra que tem menos especulação sobre ela, vou na segunda.

O QUE É UMA BOA CARTEIRA?

Essa é uma pergunta muito comum e que não deve ser respondida de bate-pronto. Não existe uma resposta correta, e por isso, a resposta deve ser ampla, mas não tão ampla a ponto de não agregar nada.

Pois bem, para mim, a definição de uma boa carteira é aquela que precisa de poucos ajustes. E o objetivo não é você fazer uma carteira e não precisar mexer nela. O caminho é o contrário, é ter uma carteira em que você não deseja mexer. Quando o investidor chega nesse nível, provavelmente tem uma boa carteira para o seu perfil.

Pense comigo: uma pasta de investimentos na qual você não precisa ficar indo de posição em posição é aquela em que você confia, que entende e com a qual está confortável. Obviamente, esse portfólio será composto de formas diferentes de acordo com cada pessoa, mas o ponto em comum entre boas carteiras é que não precisam de atualizações frequentes.

Se você quer sempre mudar sua carteira, existem alguns motivos. A carteira pode ser uma carteira ruim mesmo, ela pode ser ruim para seu perfil, ou você pode não saber o que está fazendo. No primeiro caso, em que a carteira é ruim mesmo, seu retorno em potencial não justifica o risco que está correndo. No segundo, a carteira pode até ser boa, mas não necessariamente para o perfil em questão. No terceiro, você comprou ações de empresas das quais desconhece o funcionamento e/ou não entende o preço que pagou.

Então, uma boa carteira é aquela que precisa de poucas alterações e gera bons resultados. Não conseguirei me abster de falar que, para uma carteira gerar bons resultados, é necessário que você tenha empresas vencedoras e que entenda bem o funcionamento delas. Acredito que eventualmente todo investidor tenda a entender que uma boa carteira é aquela que não necessita de tantas mudanças ao longo do tempo e que só é possível chegar nesse ponto investindo em boas empresas.

MORANGO

Os investidores insistem em ter uma posição predileta, criam algo que beira uma relação afetiva por uma ação em específico. É muito difícil que isso tenha um final feliz. Um investidor nunca deve pensar em uma posição específica como se ela fosse uma entidade a parte do restante de sua carteira.

O que interessa é o peso da posição na carteira e o papel que aquela executa dentro desta.

Esse erro constantemente me lembra a história de um querido amigo que dizia estar em dieta e comendo morangos todos os dias, o dia todo. O que ele não contava era o acompanhamento utilizado em alguns momentos. Às vezes, era leite condensado, em outras, Nutella. O paralelo com a Bolsa de Valores é simples.

De nada adianta você ter uma ótima empresa na sua carteira, comprada a um bom preço, com uma ótima gestão, em um mercado resiliente e com boas margens, se sua carteira está totalmente desbalanceada e repleta de empresas ruins. Lembre-se de que seu objetivo deve ser obter os melhores retornos com o menor risco possível.

Quando alguém comenta algo como "ganhei 60% nos últimos 2 meses", a pergunta que vem imediatamente a um investidor sério é "mas a qual risco?" Se o retorno foi obtido alocando todo dinheiro em apenas uma ação e, consequentemente, desconsiderando o fato de que a tese pode estar errada, muito obrigado, fico sem esse retorno.

O ser humano tem esse viés comportamental muito forte relatado na teoria do prospecto de Daniel Kahneman e Amos Tversky. Quando analisamos apenas o retorno, nossos olhos brilham. Quando te dizem que você pode fazer 60% em 2 meses, o ânimo com essa possibilidade parece que se dissolve em suas veias e domina seu corpo. Mas se te disserem que você pode perder os mesmos 60% nos mesmos 2 meses, outro sentimento já toma conta. Você não aceita isso e tomaria muito mais risco do que tomou na hora de ganhar, para não ter essa perda. O ser humano tem uma gigante aversão à perda, e o grande problema disso é que, às vezes, ao fugir da perda a todo custo, você acaba perdendo mais ainda. A história da evolução do ser humano explica muito algumas questões de como os investidores se comportam. Nós fomos feitos para sobreviver, está na nossa concepção, por isso é tão difícil, emocionalmente, perder dinheiro. O resultado da pesquisa de Kahneman e Tversky foi brilhantemente sumarizado por João Braga, um dos principais gestores de investimentos do Brasil. Segundo ele, tal pesquisa demostra que sempre ficamos proporcionalmente mais tristes com a perda do que felizes com os ganhos. A perda é mais potente.

Para todo grande retorno existe um grande risco. Sem discussão. Sempre que te apresentarem uma "oportunidade única para retornos extraordinários", fuja. Na dúvida, antes de investir, é sempre melhor seguir com a ideia da sobrevivência (evite perder muito).

Depois que você já investiu, ao perceber que foi um erro de análise de fundamentos da empresa, você pode, inclusive, ficar receoso de vender e "realizar a perda". É o mesmo viés de evitar a perda a qualquer custo, nem que você tenha que se iludir para isso. Ou até mesmo o oposto, uma vez que você pode vender uma ação em uma situação desfavorável a fim de "não perder mais", sendo que a situação da companhia não foi alterada, apenas o preço de suas ações caiu. Isso também é muito comum. Focando os fundamentos e não a cotação, você dilui esses dois riscos.

Mas um aspecto é definitivo: ao analisar propostas que parecem absurdas demais, é melhor pensar em sobreviver.

Você só consegue tomar uma decisão correta em seus investimentos analisando a relação risco/retorno, e dificilmente retornos fenomenais de curto prazo apresentam uma relação risco/retorno favorável.

VENDO AGORA, COMPRO MAIS TARDE

Acho que, se existe um consenso entre as pessoas sérias no mercado, é o de que a pior decisão que um investidor pode tomar é "vender agora para recomprar mais barato depois".

Não funciona.

E a compreensão de que isso não dá certo não é algo que surge na cabeça do investidor da noite para o dia. Normalmente, vem com o erro prático. Mas estou aqui para te convencer de que isso não funciona antes que você aprenda perdendo dinheiro.

Sempre devemos trabalhar nossa racionalidade, e qualquer pessoa em sã consciência sabe que, racionalmente, é impossível prever o futuro. Repito: é impossível.

Obviamente, nossa carteira é um reflexo da opinião que temos sobre diversos fatores. Você pode apostar na prosperidade do país no qual investe, pode acreditar mais em alguns setores do que em outros, e também deve administrar sua **reserva de oportunidade** de acordo com o que você enxerga para um futuro mais próximo. Contudo, o mais importante é você considerar em seus cálculos que sua visão pode estar equivocada e que você pode errar.

Fora isso, posso te afirmar que, quando alguém fala "vou vender agora para recomprar depois", em 99% das vezes isso ocorre em um momento turbulento na Bolsa de Valores. Quando o contexto parece desfavorável, é natural do ser humano se proteger. Quando chove, corremos para algum lugar coberto.

Entretanto, na Bolsa de Valores, quando para de chover e o céu se abre, as oportunidades já não existirão mais na mesma proporção, e os ativos estarão em um preço mais próximo do valor justo do que estavam quando chovia. Então, a proteção para momentos de chuva é você andar com um guarda-chuva. Não é vender suas roupas, seu relógio, seu celular e sua carteira durante a tempestade a fim de conseguir comprar um guarda-chuva para quando voltar a chover. Nessa situação, é muito óbvio que isso não faria sentido. Mas é o que muitas pessoas fazem na bolsa.

Para ganhar dinheiro, você precisa, invariavelmente, fazer o que a maioria das pessoas não consegue fazer:

1. **Andar sempre com seu guarda-chuva.** Mesmo que antes de sair de casa para o trabalho você olhe para o céu e fale "hoje não chove nem a pau!", você deve levar seu guarda-chuva. É impossível prever o tempo, mas é possível se preparar para eventualidades.

Então, todo o mundo tem suas opiniões. Em alguns momentos você acerta, em outros você erra, mas para errar pequeno é preciso ter proteções. No mercado, muitas vezes isso não precisa ser nada mirabolante, e, como comentei, a reserva de oportunidade (caixa) não deixa de ser uma proteção.

2. **Quando estiver chovendo, espere.** Quando você toma decisões no meio de um vendaval, costuma tomar as decisões erradas. Eu me lembro até hoje de um dia chuvoso em que eu estava na escola esperando minha mãe chegar para me buscar e optei por correr para atravessar o pátio o mais rápido possível e pegar menos chuva. Resultado? Escorreguei e fiquei no chão tomando chuva por mais uns dois minutos. Eu quis ser mais esperto que a chuva e falhei.

Com o mercado é a mesma coisa. Você querer ser mais esperto que ele não terminará bem.

E o fato mais curioso é que, anos depois, eu um episódio da série *MythBusters*, eles provavam cientificamente que andar na chuva faz você se molhar menos do que correr. Ironicamente, naquele dia, eu me molhei duas vezes mais. A primeira porque corri, e a segunda porque caí.

Espero que eu esteja sendo o seu *MythBuster*, mas desta vez antes de você tomar um tombo na chuva, e não depois.

Para concluir, podemos dizer que investir com consistência ao longo dos anos é um exercício de humildade e de paciência, e "vender ações agora para recomprá-las mais baratas daqui a pouco" infringe essas duas regras.

INTELIGÊNCIA EMOCIONAL

Um dos melhores livros que qualquer investidor que já tenha conhecimentos básicos pode ler chama-se *Inteligência emocional*, do psicólogo Daniel Goleman. Eu sempre disse que qualquer um consegue entender sobre contabilidade, sobre o funcionamento da Bolsa de Valores, sobre as características de produtos financeiros e assuntos do tipo. Todo o mundo.

Entretanto, quase ninguém tem o psicológico necessário para cuidar de seu próprio dinheiro. Parece não fazer sentido, né? Mas para gerir sua carteira de investimentos, o conhecimento técnico é muito menos relevante que o conhecimento prático (a famosa experiência) e o conhecimento de si mesmo. A ideia da importância da gestão psicológica nos investimentos não é nova, muito pelo contrário. O primeiro gestor de um *hedge fund*, Alfred Winslow Jones, acreditava que o melhor parâmetro para entender o funcionamento do mercado não é uma análise estatística/gráfica/matemática, e sim uma análise do psicológico dos investidores. Os ganhadores do Prêmio Nobel de Economia Daniel Kahneman e Amos Tversky estudaram a fundo as heurísticas que tanto interferem na tomada de decisão do investidor. Até mesmo Warren Buffett e seu mentor, Benjamim Graham, falam sobre a importância de tal gestão psicológica. Graham, em seu livro *A interpretação das demonstrações financeiras*, escreve que "Também há importantes influências de natureza geral ou técnica das ações que afetam os seus preços, como condições de crédito, políticas e psicológicas, que podem não ter a ver com qualquer estimativa de rendimentos futuros". Warren Buffett, por meio da sua famosa frase "a coisa mais importante a se fazer quando você está em um buraco é parar de cavar", também atribui grande grau de importância à psicologia nos investimentos.

De qualquer forma, gosto de fazer a comparação com uma frase que é muito utilizada no mercado: "*Buy the dip*", ou simplesmente "compre no fundo". Alguns até vão além e dizem com a maior naturalidade do mundo: "A Bolsa de Valores é muito simples, basta comprar na baixa e vender no topo." Realmente, é só disso que você precisa para ganhar dinheiro na Bolsa, porém, mesmo parecendo tão simples, poucas pessoas têm essa capacidade. Apenas uma pequena parte dos investidores tem a capacidade de cuidar de seus investimentos da melhor maneira possível. Essa incapacidade, na maioria das vezes, não é fruto do desconhecimento técnico, mas sim do desconhecimento em relação a si mesmo.

No livro que mencionei no início desta carta é contada uma história verdadeira que resume muito bem o que quero passar para vocês.

Era uma vez um garoto que era o gênio da escola. Ninguém tinha visto nada parecido, nunca havia passado ninguém por lá com a capacidade intelectual que aquele garoto tinha. Diziam ser um verdadeiro gênio.

Contudo, certo dia, um professor de física não lhe deu o A+ que ele estava acostumado a receber com facilidade em todas as matérias, mas "apenas" um A. O aluno prodígio não se conformou, ficou descontrolado e, no dia seguinte, foi com uma faca até a escola e esfaqueou o professor que havia dado uma nota que ele não esperava. O professor não morreu, mas uma grande lição ficou para os colegas de classe que invejavam as notas do prodígio: não é preciso ser o mais inteligente de todos para ser bem-sucedido no que você faz. É possível chegar muito longe focando em manter a sanidade e se controlando em momentos de grande tensão.

A conclusão é simples: quando o assunto é investimentos, não queira ser o mais inteligente. Você não está competindo com ninguém. Procure ser mais controlado emocionalmente. Com o perdão do clichê, o seu maior adversário provavelmente é você mesmo.

Investir, no final das contas, é saber lidar com o imprevisível, é entender que, por mais que você tenha estudado, planejado e acredita estar certo, ainda pode e provavelmente vai errar em algum momento. Acima de tudo, investir é levar em conta que você pode estar errado e saber lidar com o erro quando ele acontecer. E não é fácil. Até "gênios" falham nesse quesito e perdem o controle. Lembre-se: perder o controle em seus investimentos é o mesmo que perder dinheiro.

Guardadas as devidas proporções, o caso do garoto prodígio é o que eu vejo acontecer na Bolsa de Valores quando pessoas inteligentes se sentem muito abaladas quando suas estimativas não se concretizam e começam a mudar de humor e opinião juntamente com as oscilações da Bolsa. Todas as vezes que você vende suas ações única e exclusivamente porque o preço delas caiu, é uma facada diferente no seu bolso, e seu dinheiro não aceita isso.

E não me entenda errado, o objetivo nunca foi ficar para sempre com uma ação que você comprou, mas sim, caso opte pela venda, estar embasado em fundamentos, e não na volatilidade.

Por fim, para manter a sanidade mencionada e não confundir preço com fundamento, é preciso se conhecer. As pessoas, por exemplo, têm um limite de capital que conseguem alocar na Bolsa de Valores mantendo seu discernimento. E não é fácil saber esse limite, mas o caminho, sem dúvida nenhuma, é se conhecendo e entendendo quem você é. Por exemplo, na sua vida, você se empolga demais quando as coisas estão indo bem? Quando recebe um aumento, se sente poderoso? Quer gastar mais? Se você é assim, não tem problema. Se você reconhece, consegue mudar. O grande problema é ser assim e não reconhecer.

O mesmo vale para quando as coisas vão mal e você se desespera, é facilmente abalável por quase qualquer evento. Se você reconhecer, não tem problema. Você trabalhará para mudar e, mais, entenderá melhor os riscos que aceita tomar.

Saiba quem você é. Seu dinheiro não pode ser enganado. Em última instância, os resultados de seus investimentos estão diretamente ligados à sua personalidade. E por isso, para ser um bom investidor, trabalhe seu psicológico e conheça suas qualidades e seus defeitos. Seja honesto com seu dinheiro enquanto você evolui.

INTELIGÊNCIA EMOCIONAL, PARTE 2

Em 1973, os psicólogos Daniel Batson e J. Darley realizaram um experimento social chamado de "O Bom Samaritano". Aproximadamente setenta alunos de teologia em Priceton foram convocados para palestrar sobre a Parábola do Bom Samaritano.

Resumidamente, nessa parábola, um judeu viajante foi espancado, roubado e abandonado em situação crítica à margem da estrada. Passaram por ele membros importantes da religião judaica, que não o auxiliaram. Em contrapartida, um samaritano (grupo desprezado pelos judeus) salvou a vida do homem à beira da estrada.

Voltando para o experimento, ao se aproximar o horário da apresentação, os seminaristas foram chamados às pressas com a falsa desculpa de que eles estariam atrasados. Na entrada do local onde os estudantes dariam a palestra, havia um ator encenando como uma pessoa em condições críticas precisando de ajuda. O objetivo dos psicólogos era justamente entender se os estudantes ajudariam ou não a pessoa que necessitava de auxílio. O resultado? Sessenta por cento dos seminaristas passaram pelo homem que estava na porta do local da apresentação sem que se preocupassem em ajudá-lo. Ironicamente, estavam preparados para apresentar a parábola que tem como uma das principais lições a compaixão aos necessitados.

Esse experimento, apesar de cruel, mostra o quanto os seres humanos podem enganar a si mesmos. Definitivamente, saber o que deve ser feito é bem diferente de realmente fazer.

Todos sabem que o melhor momento para comprar ações é quando ninguém quer comprar, quando o mercado está em baixa. Esse é o mantra do mercado, até os iniciantes têm essa regra na ponta da língua. A mesma ironia apresentada no experimento aparece aqui. Se todos sabem que na baixa é o momento de comprar ações, por que, quando a Bolsa cai, a maioria das pessoas vende?

Existe um espaço muito grande entre saber o que deve ser feito e realmente fazer. Falar de forma linda, gesticulando, mostrando o tanto que você acredita na parábola "compre na baixa, venda na alta" não adianta se os conceitos não estão verdadeiramente enraizados em você. Se você não passar a realmente acreditar nisso, acabará comprando quando for para vender e venderá quando for para comprar, assim como faz a grande maioria das pessoas.

O QUE VOCÊ QUER?

"DÊ-ME SEIS HORAS PARA DERRUBAR UMA ÁRVORE E PASSAREI AS QUATRO PRIMEIRAS AFIANDO O MACHADO."

Abraham Lincoln

Mesmo com toda a incerteza que cerca a história do 16º presidente dos Estados Unidos, é inegável que ele era uma pessoa diferenciada na arte do planejamento. Além de ter sido o presidente que resolveu diversos problemas que assolaram o país durante a Guerra Civil norte-americana, que acabou criando as bases para o desenvolvimento dos Estados Unidos, ele era um pensador e planejador nato.

O primeiro passo para você começar a investir é definir bem seus objetivos e entender o que quer conquistar e quais são as premissas relativas ao risco que você utilizará em seus investimentos. Isso é fundamental.

Você não precisa ter um objetivo material, como, por exemplo, comprar uma mansão aos 70 anos. Mas definitivamente é importante definir um objetivo e o risco que você aceita tomar para obter tal retorno.

É importante planejar o risco que você tomará sobre duas perspectivas:

1. **Cada pessoa reage de uma forma à volatilidade de sua carteira.** Um dos pontos que mais faço questão de enfatizar são as diferenças entre o risco prático e o risco teórico. O risco prático depende mais da sua interpretação de empresas e de seu perfil do que do risco estatístico, acadêmico, normalmente representado pela volatilidade.

Quem lida mal com volatilidade costuma perder dinheiro. Você precisa entender quem você é. Isso é mais importante do que parece. Uma boa estratégia para testar seu perfil é montar uma carteira à parte de sua verdadeira, e com capital insignificante.

Faça isso em uma proporção similar àquela em que você acha que toda a sua carteira estaria posicionada. A partir daí, meça variações percentuais, e nunca nominais. Faça a conversão do retorno porcentual para a sua carteira total e veja o nominal. Interprete suas reações e comece a entender o seu perfil de risco. Isso funcionará muito melhor que qualquer teste de *suitability* de qualquer corretora.

2. **Certifique-se que o risco que você está correndo não é desnecessário.**

Veja o gráfico a seguir:

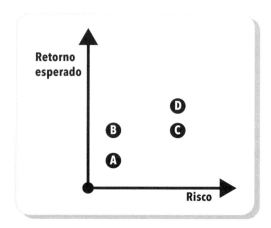

Existem diversas ideias importantes parar serem tiradas das teorias acadêmicas, e apesar de eu acreditar que o risco prático é diferente desse risco mensurável, compreendê-lo é muito enriquecedor e agrega muito na formação do investidor.

Uma grande parte da Teoria do Portfólio de Markowitz é, em essência, sobre o risco de uma carteira de investimentos. Obviamente, o primeiro pensamento que vem à cabeça do investidor e o de que uma carteira diversificável dilui o risco de um investimento avulso, visto que, se uma empresa de sua carteira quebrar, você não perderia tudo.

Entretanto, isso não basta, pois, se você não diversificar seu portfólio com ativos de correlação negativa entre si, a diversificação pode te deixar em um patamar de risco/retorno não atraente.

Veja no gráfico anterior que de nada servem as alternativas A e C. Na A, você estaria correndo um risco igual para um retorno esperado menor que o da alternativa B. O raciocínio é o mesmo de C para D. A alternativa C não faz sentido, pois, para o mesmo risco, a D tem um retorno esperado maior.

Contudo, você tem que entender se correrá mais risco para tentar auferir retornos esperados maiores (D) ou se correrá menos riscos, mas com um retorno esperado menor (B).

Planeje sua carteira de investimentos, não deixe o acaso escolher suas posições e a proporção delas em seu portfólio.

SIMPLICIDADE E SOCIEDADE

Alguns empreendedores encantam. Não sei se vocês têm a mesma visão que eu, mas ao bater os olhos nas realizações e na personalidade de certas pessoas, já dá para sentir confiança para investir nelas e em seus negócios. Eu parei para refletir sobre isso recentemente. O que realmente faz com que uma pessoa me passe confiança? Para muitos, é a segurança na hora de falar, convicção, certeza e coisas que caminham para esse lado.

Para mim, é muito diferente. Eu acredito que, quando sinto confiança em alguém, grande parte dela é oriunda da simplicidade e da transparência. Utilizarei de exemplo aqui um dos grupos empresariais que mais admiro e que é símbolo dessa simplicidade e transparência: a família Menin. Para você que não conhece, a família Menin é mineira e dona de diversos grandes empreendimentos, como a MRV, o Banco Inter e a Log.

Eu já tive a oportunidade de ver presencialmente algumas palestras e apresentações de membros da família, e realmente impressiona a simplicidade com que eles falam sobre os negócios de suas empresas e o pé no chão em suas projeções. Até o que é complicado fica simples. E, melhor ainda, o que é simples continua simples, não há a necessidade de complicar o que não é complicado.

E por que isso é tão importante para o investidor? Quando você investe em uma empresa, está se tornando sócio dela, juntamente com outras pessoas. É preciso escolher o perfil de sócio que você quer ao seu lado.

Hoje em dia as pessoas parecem ter uma admiração maior por quem complica do que por quem mostra mais do que realmente faz. Todavia, não atribuem esse mesmo fascínio às pessoas que simplificam e mostram a realidade. Confie em mim, você vai querer como sócio o segundo tipo de pessoa. Você quer como sócio quem simplifica, resolve e enxerga soluções sem ter que correr uma maratona para encontrá-las. Isso só se faz com simplicidade e transparência.

O sócio que você quer ao seu lado valoriza a equipe, ele sabe que não faz nada sozinho. Ele não está muito preocupado com o marketing pessoal, mas sim em fazer.

Uma das principais regras da célebre dupla Warren Buffett e Charlie Munger é entender no que você está investindo, e te garanto que uma gestão séria, transparente e simples deixa essa tarefa mais fácil. Você passa a entender a empresa meramente porque quem a comanda simplifica e te fala sem dar voltas o que você precisa saber.

Isso tudo transparece nos resultados que as empresas têm. Para encerrar e retornando à família Menin, eles estão rumando para ser tornarem o maior grupo empresarial do Brasil. A transição de Banco Intermedium para o Banco Inter, liderado por João Vitor Menin, foi de um *timing* impressionante. Hoje eles estão à frente em diversas questões estratégicas perante grande parte de seus concorrentes. O futuro não sabemos, mas o mercado já mostra confiança no projeto de longo prazo mesmo sem projeções mirabolantes por parte da diretoria.

Por outro lado, temos Rafael Menin, atual CEO da MRV, entregando resultados cada vez melhores para os acionistas da companhia e acertadamente expandindo a operação para os Estados Unidos.

E em cima, temos o pai de João Vitor e Rafael, Rubens Menin, que ensina para seus filhos e prova para o mundo que empreender não é complicar, e sim facilitar.

Seja transparente, seja mais simples. Invista em quem é transparente, em quem simplifica.

PARTE 3

NESTA PARTE

- Alquimista
- O dia em que apareci na televisão
- Transformações e uma nova interpretação
- No futuro não teremos emprego para todos. Que ótima notícia!
- A verdade
- A mentira
- Valor do mês!
- Mercado de capitais
- Chuteira e ações
- Invertendo as bolas
- Fiscal e monetário
- Poupança ou Europa?
- Burocracia
- Política e investimentos
- Hábito

- Disciplina
- Conflitos de interesse e pessoas do bem
- Quando chegar a hora de você perder dinheiro, você perderá
- Quem você quer ser?
- A arrogância
- Bolsa é cassino?
- Causa e consequência ou consequência e causa?
- Possibilidade
- Trabalhadores e preguiçosos
- Vendo notas de R$10 por R$5
- Twitter e margem de segurança
- A última lição, Dom Quixote e a confusão
- Ajudar (conclusão)

ALQUIMISTA

Paulo Coelho é um grande escritor, e o que mais me admira nele é que discordo de grande parte do conteúdo de suas falas e de seus pensamentos. Todavia, acredito que ele seja um gênio e a ilustração viva de que o sucesso é possível, desde que os críticos de seu trabalho sejam ignorados. Tenho certeza de que ele concordaria comigo quando digo que os críticos são pessoas frustradas, pois não conseguiram executar nada e, portanto, optam pela retórica rasa e utópica. Inclusive, ele já comentou algo similar em algumas entrevistas e textos.

Eu aproveito e coloco o Romero Brito nessa lista do "prego que se destaca leva martelada". A história sempre se repete: escritores malsucedidos falam que Paulo Coelho deu certo com livros de autoajuda e "pouco profundos". Para artistas com certo grau de inveja, a arte de Romero Brito é "muito comercial". Críticos que continuam críticos serão apenas críticos e nada mais que isso.

Menção feita, retomemos Paulo Coelho. Em seu livro de maior sucesso, *O alquimista*, ele descreve a história de um pastor chamado Santiago que tem sonhos constantes a respeito de um famigerado tesouro e acaba indo em uma jornada em busca dele. Não me alongarei muito nisso, pois realmente creio que essa é uma leitura que você deve fazer. Mas quero falar de um personagem em específico, o que dá nome ao livro, o Alquimista. Ele é uma figura com aspecto místico, capaz até mesmo de transformar chumbo em ouro. Com todo esse semblante ininteligível e profundo, ele ajudou Santiago a encontrar o seu tesouro e a se descobrir durante a jornada até ele.

Já voltarei a esse alquimista, mas antes comentarei sobre algumas ideias de George Soros, um dos investidores mais famosos do mundo e que para mim tem uma semelhança com Paulo Coelho (além do nome de seus respectivos best-sellers). Eu discordo de ambos em diversos assuntos e em diversas opiniões que eles emitem. Contudo, admiro a capacidade intelectual de ambos, e a discordância não invalida essa admiração.

Soros, em seu livro *The Alchemy of Finance*, ou "O alquimista das finanças", em tradução literal, constrói toda a base teórica para que o leitor consiga entender o conceito de reflexividade no decorrer da obra. O livro tem pontos bem interessantes, mas Soros tem um desejo filosófico latente e, com o perdão da ousadia, mais forte que seu interesse por finanças. Soros foi muito influenciado por Karl Popper, filósofo do século XX que acreditava basicamente que a ciência fosse feita por meio do método hipotético-dedutivo, ou tentativa e erro. Segundo ele, essa era a melhor forma para que o ser humano chegasse mais perto da verdade.

De qualquer forma, acredito que o pilar mais importante para a compreensão do conceito de reflexividade é quando ele diz que é fundamental que você entenda a diferença entre ciências naturais e ciências sociais. Na primeira, é possível conseguir respostas exatas com conhecimentos já existentes, já nas ciências sociais (onde o ramo dos investimentos e o do entendimento econômico se encaixam), não é possível afirmar nada com certeza. É impossível prever o futuro, não importa o quão qualificado você seja.

Por exemplo, se você precisa calcular a energia potencial de um objeto, basta saber a altura em que ele se encontra, a massa do objeto e sua aceleração gravitacional, e assim você conseguirá fazer o cálculo com precisão.

Então, na física, por exemplo, você chega a valores com exatidão caso tenha os dados necessários para o cálculo. Contudo, se migrarmos essa ideia para a Bolsa de Valores, a história muda. Mesmo que o acesso à informação seja o mesmo, o resultado depende da interpretação dessa informação.

É como se todo o mundo conseguisse ver o objeto dependurado em um guindaste, mas de longe e sem instrumentos para analisar a altura em que ele se encontra.

Todos estão vendo o objeto, mas cada pessoa dirá que ele está em uma altura. Uns acharão que ele está a 100 metros do chão, outros dirão que está a 170 metros, e por aí vai. A visualização de cada pessoa influencia o cálculo, que, por sua vez, tem impacto direto no resultado. Logo, nesse caso, não temos precisão ao calcular a energia potencial, pois é impossível saber a altura correta em que o objeto está, já que a suposição que as pessoas fazem sobre essa altura afeta diretamente os resultados.

E isso é fundamental para que você compreenda o princípio da reflexividade, pois todo o cerne dele é que as pessoas têm uma visão distorcida da realidade, e essa visão distorcida acaba afetando a própria realidade, e vice-versa. É um ciclo. Segundo Soros, a visão das pessoas influencia os fatos/informações, e os mesmos fatos/informações influenciam a visão das pessoas.

Os indivíduos acabam mudando a própria realidade, por mais que isso pareça logicamente impossível, afinal, a realidade deveria ser única. A realidade é o que é real, né? Um exemplo do próprio Soros para responder a essa questão é o seguinte: se todo o mundo começa a falar que um governo é ruim, isso deixa de ser apenas uma fala e passa a ser a realidade para as pessoas.

Então a forma como enxergamos o mundo tem impacto na nossa realidade, mas antes de ter esse impacto, você enxergou o mundo de maneira distorcida. A consequência disso é que a realidade dos indivíduos acaba mudando os eventos que acontecerão, que, por sua vez, serão enxergados de maneira distorcida, e o ciclo segue. No caso do político criticado, a consequência oriunda dessa visão de mundo seria a não manutenção de sua permanência no cargo.

Detalhe: se você leu isso e pensou "mas a realidade que eu vejo não é distorcida", passe a questionar mais sobre de onde você retira suas informações. Quem escreveu, o que causou o evento relatado e qual é a visão da maioria das pessoas acerca de tal tema. A conclusão não pode ser outra: ninguém tem uma visão fiel da realidade.

Voltando ao tema, se a gente traz a ideia da reflexibilidade para a Bolsa de Valores, o que a faz subir não são as informações/eventos propriamente ditos, e sim a visão que os investidores têm deles. Se a visão é favorável, mais capital é atraído. Caso a visão seja desfavorável, mais capital sai da Bolsa. E nesse exemplo fica bem claro que a maneira como os indivíduos enxergam os eventos muda o resultado, e essa mudança de resultado ocasiona uma mudança nos eventos futuros.

Empresas mais capitalizadas via Bolsa de Valores fazem expansões, contratam mais, investem mais em marketing e tomam outras atitudes com impacto real, algo que muito provavelmente não ocorreria se a visão dos investidores acerca do contexto não fosse positiva. Caso a interpretação da maioria fosse negativa, muitas empresas que fizeram IPOs ou uma oferta subsequente de ações muito provavelmente não fariam e, consequentemente, também não fariam os investimentos que foram feitos.

A ocorrência ou não da expansão, por fim, afeta a forma como os investidores enxergam a realidade, o que fará com que menos ou mais empregos sejam criados, vidas sejam ou não impactadas e diversas outras questões se alterem e mudem a visão dos envolvidos. Enfim, acho que agora ficou bem claro que esse é um ciclo.

A principal ideia que tiro disso é que investir não é uma ciência exata, longe disso. Entender que é impossível apenas repetir métodos de investidores bem-sucedidos é um caminho inicial interessante para você começar a se tornar um bom investidor com um estilo que se encaixa em você e no seu contexto.

Quando Warren Buffett começou seu bem-sucedido investimento na Coca-Cola, no final da década de 1980, o contexto era único, a visão dele era (e ainda é) única. Não adianta você encontrar a "nova Coca-Cola" nem tentar ser igual a Warren Buffett.

E sem dúvida nenhuma, esse ainda é um grande desafio para mim, pois eu sempre quis investir como Warren Buffett. Mas, naturalmente, o tempo passa e me mostra diariamente que isso não será possível. Eu não só não tenho a capacidade que ele tem, como não vivo no mesmo tempo em que ele viveu e, por isso, nunca investirei como ele investe.

Retomando a obra de Paulo Coelho, assim como o pastor Santiago, eu tenho que ter um alquimista dentro de mim para me guiar no meu caminho, pois, caso eu queira trilhar a trajetória de outra pessoa, perderei dinheiro. Logo, é uma luta diária para eu seguir investindo com minhas próprias pernas, entendendo minhas qualidades e meus defeitos e, a partir daí, investir da minha maneira. Acredito que você deva fazer o mesmo.

Fora isso, lembre-se também de que é impossível ir em busca da verdade absoluta, porque isso está totalmente atrelado ao futuro. Contudo, é possível ganhar com a incerteza. Na ciência, as hipóteses podem ser aceitas ou rejeitadas, não há outro caminho. Nos investimentos, as hipóteses te fazem crescer, e hipóteses bem administradas levam o investidor a resultados melhores que a média. O que você acha que acontecerá com a Bolsa é uma hipótese, então lembre-se sempre de que existem outras hipóteses na mesa e que, se você as levar em consideração, seus investimentos tendem a prosperar no longo prazo.

Por fim, mesmo discordado de Soros e inclusive da forma como ele utiliza a Teoria da Reflexividade em sua vida para influenciar a dos demais, acho que é importante entender sua linha de pensamento. É possível retirar de lá algumas ideias importantes no âmbito dos investimentos. Sempre converse com pessoas inteligentes, sempre leia o que pessoas inteligentes escrevem, sempre ouça o que pessoas experientes têm a lhe dizer. Não importa se você concorda ou não. Se você tiver o mínimo de senso crítico, conseguirá extrair informações valiosas de pessoas inteligentes de quem você discorda.

É de onde a gente menos espera, das pessoas com as ideias mais diferentes das nossas, que vêm alguns bons conhecimentos que levamos conosco durante a vida.

O DIA EM QUE APARECI NA TELEVISÃO

Certo dia, estava com minha mãe e fomos abordados por repórteres a fim de darmos uma breve entrevista. Nossa contribuição deve ter demorado uns dois minutos, no máximo. No momento da entrevista, pensei: "Ninguém assiste isso mesmo. É meu momento de aparecer na TV antes que ele acabe."

Aparecemos na televisão, mais especificamente no jornal local da emissora com maior audiência do país, algo que não chegaria perto de me impressionar, já que nunca assisto esse tipo de programação. Fato é que a reportagem começou a ser exibida por volta do meio-dia.

Foi instantâneo! Não paravam de chegar mensagens sobre minha breve participação juntamente com minha mãe. Eu quase não consegui acreditar nessa repercussão. Para mim, se um único conhecido visse a entrevista, seria muito.

A conclusão dessa história é que estamos sempre replicando nossa visão de mundo, nossos hábitos e nossas ideias como sendo universais. Faz sentido eu pressupor que ninguém vê o noticiário local do meio-dia baseado na minha experiência individual? Nenhum.

Por isso, quando vamos investir em ações, é necessário fundamentar sua opinião com dados, informações, e não apenas em achismos ou replicando seu pensamento e seus hábitos como sendo universais. Tenha métodos mais apropriados para a tomada de decisão.

TRANSFORMAÇÕES E UMA NOVA INTERPRETAÇÃO

No decorrer do período industrial, entre a segunda metade do século XIX até 1970 aproximadamente, a Era Industrial fazia jus a seu nome. Apesar de a tecnologia ter sido fato importante na geração e no desenvolvimento desse novo momento histórico, as empresas bem-sucedidas focavam a tecnologia quase que exclusivamente na linha de produção em massa de produtos padronizados. As vantagens competitivas de empresas como a Dupont ou a General Motors se davam pela rápida implementação das novas tecnologias na produção e, a partir daí, ganhar margem com a escala.

Contudo, a Era Industrial não durou para sempre. As empresas começaram a perceber que uma vantagem competitiva ia além da velocidade de implementação de novas tecnologias industriais e com uma boa gestão financeira. Era preciso mais. Foi nesse contexto que entramos na Era da Informação, ou Era do Intangível. Um ativo intangível, contabilmente falando, é um ativo que tem como principal característica sua presença de valor econômico, mas não sendo possível identificá-lo como sendo monetário. Resumindo, o principal ativo intangível na época da Era da Informação eram as marcas.

Não era mais viável ganhar apenas na escala. Outros fatores eram necessários para o sucesso competitivo, como estabelecimento da relação de fidelidade com o cliente, surpreender o mercado com um produto diferente onde tudo era igual e apenas o preço importava. Seguindo a mesma ideia, a customização passou a ser algo bem importante. Além disso tudo, como não poderia ser diferente, o *backoffice* passou a ter importância fundamental na Era da Informação, já que a operação passou a ser mais complexa como um todo. Um mix maior de produtos no mercado significa uma logística mais robusta e complicada. Mais inovação significa mais pesquisa, e o foco na marca representa um novo setor de comunicação/marketing. Por fim, mais informações requerem mais capacidade de armazenamento de banco de dados e sistemas melhores. Todo um novo ecossistema é criado no ambiente de negócios.

Esse novo ambiente operacional fez com que as empresas focassem outras áreas além da financeira e daquela de produção. Era como se novas empresas fossem surgindo dentro da mesma companhia. Diversos novos setores se viram na necessidade de trabalhar em conjunto, e a habilidade de integrar processos passou a ser um diferencial.

Tudo bem, eu sei que esse trecho está parecido com um livro didático. Como estudante de administração, provavelmente essa parte da história é a mais fixada na minha cabeça. Mas toda essa introdução é importante para que seja possível entender algo maior: não é possível analisar uma empresa da Era Industrial da mesma forma que se analisa uma empresa na Era da Informação. São mundos totalmente diferentes, por consequência, a análise também deve ser diferente.

Eu, pessoalmente, tenho muita dificuldade de entender os valores que o mercado atribui para empresas de tecnologia. Companhias como Facebook, Amazon e tantas outras que implementam cada vez mais tecnologia veem suas ações subindo praticamente na mesma velocidade das inovações, ou seja, muito rápido. Alguns podem até argumentar que seja uma bolha, entretanto, é difícil fugir da ideia de que o mercado passou a enxergar empresas exponenciais com capacidade de escalabilidade de seu negócio de uma forma diferente. Se antes já diziam que o processo de encontrar o preço justo para uma ação era uma arte, agora eu arrisco dizer que, com esse novo contexto, é um processo ainda mais artístico. Explico.

Atualmente vemos empresas negociando a valores que preveem um crescimento muito grande, fruto de novas tecnologias e de novos modelos de empresas. Os dados na Era da Informação já começavam a ter um sentido mais definido, eles começaram a ganhar valor de forma progressiva. Se eu tenho um supermercado e descubro que uma alta porcentagem de meus clientes que compra vinho também compra chocolate, esse dado tem um valor que posteriormente pode até ser mensurável ao passar a sessão de chocolates para perto da sessão de vinhos e averiguar a mudança nas vendas. Fato é que os dados passaram a ter valor.

Hoje, no que podemos chamar de Era Digital, o valor dos dados é ainda maior. Todos os sistemas que foram desenvolvidos ao longo dos anos para armazenar dados hoje têm um valor ainda mais acentuado. Colher informações se tornou muito mais prático com a internet e seus mecanismos. Facebook e Google são empresas de informações e estão entre as mais valiosas do mundo. Na transição da Era Industrial para a Era da Informação, as empresas que se atentaram para a importância de manter relação com os clientes e fortalecer a imagem de seus produtos saíram na frente. Na transição da Era da Informação para a Era Digital, as empresas que passaram a dar mais importância aos dados ascenderam ao topo. Informação é e sempre foi dinheiro, mas atualmente a facilidade de ter acesso aos dados públicos e aos dos clientes tornou esse processo fundamental para as novas companhias e é o novo gatilho do próprio capitalismo.

Agora o nosso foco na hora de analisar empresas ficou mais desfocado, são muitos fatores que precisam ser analisados, e isso não é fácil. Certo dia, Sam Altman, um dos maiores investidores-anjo do mundo e que investiu em empresas como Airbnb e Reddit em estágios iniciais, disse que todas as empresas que têm um crescimento acelerado têm um bom produto. E por bom produto entenda um daqueles que os usuários indicam uns aos outros. Não importa o quão bom sejam a equipe de marketing e de vendas caso o produto seja ruim. Talvez nosso foco inicial de análise deva ser esse, talvez a mais nova e importante variante do período que estamos vivendo. Está cada vez mais difícil construir artificialmente a imagem de um produto ruim. Se as pessoas não gostam, elas não usam, e a notícia se espalha ainda mais rápido.

Pegando esse gancho sobre empresas de crescimento, acredito que a avaliação do produto dessas companhias é de suma importância para o investidor, e isso deve ser interpretado diferentemente de tudo que já foi feito antes. Há pessoas que investem em empresas de tecnologia sem nem saber ao certo o que elas fazem, muito menos entender a qualidade do produto. Por outro lado, alguns investidores tomam suas respectivas decisões única e exclusivamente porque são consumidores e fãs das empresas. Nem tanto ao céu, nem tanto à terra. Uma nova abordagem analítica gira em torno de analisar a qualidade de produtos com base em pesquisas, compreendendo o potencial daquela companhia e a possibilidade de escalar o negócio sem perder a qualidade para os clientes. Os clientes nunca tiveram tanto a razão em toda a história da humanidade. Um consumidor gostar do serviço ou do produto de uma companhia é fundamental. Uma empresa que não atende às expectativas é uma empresa que tem uma legião de clientes insatisfeitos espalhando esse descontentamento com uma rapidez nunca vista antes. Agora, mais do que nunca, é preciso entender o negócio em que a companhia atua e enxergar a satisfação de seus clientes.

De qualquer forma, continuo sem entender os preços pagos por algumas das empresas de tecnologia mais badaladas do mundo, então contínuo observando, sem comprar ações, simples assim. Como bom *value investor* ortodoxo, apesar de entender parte da mudança de foco do investidor atualmente, eu não consigo ignorar os preços das ações. Me chame de careta, lerdo ou do que você quiser, mas simplesmente não posso investir em algo que não entendo 100%.

Por mais que eu tenha a compreensão de que grande parte das empresas atualmente é analisada com base em sua capacidade tecnológica, na aptidão de se aproveitar de suas informações utilizando-se de uma escalabilidade ainda maior para ganhar ainda mais mercado, eu não entendi como isso se traduzirá em lucros tão absurdos como os que estão sendo projetados. Intrinsecamente, os investidores confiam que a economia, de uma forma geral, tende a crescer muito com a implementação cada vez maior de inteligência artificial e outras ferramentas. Quanto a isso, também tenho minhas dúvidas. Ainda acho difícil que essas empresas atinjam o que o mercado esteja esperando e no prazo em que está esperando. Mas isso é apenas a minha opinião. Nesse meio-tempo, vou me atualizando até onde consigo e sem ferir alguns princípios básicos na análise de uma ação, como, por exemplo, o preço importa, e importa muito. Se eu não consigo achar o preço atual um bom preço, não compro. Quanto a isso, acredito que será difícil eu me atualizar.

NO FUTURO NÃO TEREMOS EMPREGO PARA TODOS. QUE ÓTIMA NOTÍCIA!

A despeito de todas as críticas sobre o sistema produtivo global e em relação à concentração de riqueza em âmbito mundial, estamos evoluindo em um ritmo exponencial rumo à diminuição da pobreza no mundo, e o número de pessoas com condições de vida minimamente adequadas sobe em ritmo acelerado. Em 1820, a cada uma pessoa vivendo uma vida em condições minimamente aceitáveis, existiam 8,2 vivendo na extrema pobreza. Dois séculos depois, em 2015, o panorama é outro. A cada pessoa vivendo na pobreza extrema, temos 9 vivendo em condições minimamente aceitáveis.

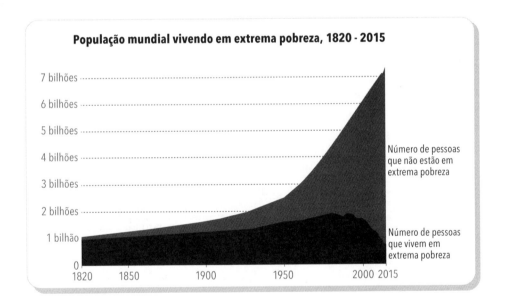

Fonte: OurWorldInData.

Naturalmente, ainda existe muito a ser feito a fim de acabar de vez com a fome e a proliferação de doenças e melhorar a educação das pessoas. Independentemente do método para atingir esse objetivo, ele é comum a todas as pessoas e, inegavelmente, estamos avançando como sociedade à medida que mais riqueza é produzida no mundo. Quanto mais valor é gerado, quanto mais tecnologias são implementadas, menor é a pobreza. Ao menos essa é a lição que podemos tirar da história da humanidade. Sempre foi assim. Contudo, recentemente, uma grande discussão tem tomado conta nos debates entre intelectuais tanto no ramo da tecnologia quanto no da sociologia. Esse debate gira em torno da futura falta de empregos oriunda da expansão tecnológica e a eliminação de empregos tradicionais. Confesso que essa não é uma preocupação que eu tenho.

O investidor e filósofo Naval Ravikant disse, em uma entrevista concedida em meados de 2019, que o futuro dos empregos caminha cada dia mais para a independência do trabalhador. Ou seja, muitas empresas não necessariamente precisam de um funcionário exclusivo, elas podem simplesmente ter acesso a profissionais ranqueados por suas respectivas competências e contratá-los remota e especificamente. Qualquer um pode contratar serviços online, no momento em que desejar e com avaliação prévia dos prestadores de serviço e vendedores de produtos. Concordo plenamente com Ravikant. Com o advento da disseminação da internet e a universalização de seu acesso, a tendência é a de que praticamente todo funcionário seja um pequeno empresário na medida que utilizará de suas competências para prestar serviço para diversas outras empresas por meio de uma plataforma de contratação e intermediação de serviços. E como nenhuma mudança na história da humanidade se deu sem atritos, com essa não será diferente.

Temos um grande desafio do ponto de vista educacional. Por exemplo, a trajetória de um executivo de médio e alto escalão em uma multinacional é muito bem definida. Ele estuda formalmente em boas universidades até ingressar em uma companhia para dar início a sua carreira. Dificilmente, durante sua trajetória, haverá uma mudança brusca em suas atividades dentro da empresa. É raríssimo você ouvir a história de um executivo que migrou do departamento jurídico para o departamento de TI, e o motivo disso é simples: estamos acostumados, como sociedade, a estudar até certa idade, nos profissionalizar em uma atividade e desenvolver projetos nessa mesma área. Mudar de setor de atuação não é algo comum para a maioria das pessoas. Em algum momento isso terá que se tornar mais natural. Além disso, também temos outro desafio com relação à educação básica: os estudantes terão que ser preparados para um mundo novo, conectado e onde o maior fator de diferenciação é sua capacidade de entregar resultados e se adaptar às mudanças e demandas empresariais/sociais.

NO FUTURO NÃO TEREMOS EMPREGO PARA TODOS. QUE ÓTIMA NOTÍCIA!

Essa ideia de que cada vez menos funcionários e mais prestadores de serviço e pequenos empresários existirão pode ser difícil de digerir, mas dificilmente teremos outra solução. E nesse caso, isso é benéfico em todos os sentidos. Mais produtividade é criada, mais liberdade é garantida para quem trabalha, seja para se vestir, para fazer seu horário de trabalho e sua relação com os contratantes, mais valor é extraído do trabalho e maiores são as recompensas para quem prestar bons serviços. Em última instância, estaremos extraindo o máximo do ser humano ao focar tarefas que requerem pensamento criativo e solução de problemas, e não atividades manuais e repetitivas.

Pode parecer utópico fazer com que a maioria das pessoas consiga se tornar empresários e venda suas habilidades, por exemplo, como designer, arquiteto, programador, consultor e outras, mas não é algo tão distante assim e já acontece atualmente. É o presente e será o futuro, mas é preciso que a sociedade se adapte, estabelecendo uma educação mais prática e de melhor qualidade.

Para finalizar, é muito comum essa preocupação com a falta de empregos. Foi assim com o surgimento da eletricidade, que fez diversas pessoas perderem seus empregos de carregamento de água e produção de velas e de lâmpadas a óleo. O surgimento da televisão acabou com diversos empregos ao diminuir a utilização do rádio, mas impulsionou o crescimento econômico e a geração de valor de tal forma, que os empregos criados superam de longe os tirados. Não precisamos nem falar da internet, não é? Coitados dos antigos vendedores das enciclopédias *Barsa*! Mas olhando pelo outro lado, quantos empregos foram criados única e exclusivamente devido ao surgimento da internet? Isso tudo sem considerar o fato de ser possível contratar alguém do outro lado do mundo e otimizar seus gastos com um mercado que privilegia quem presta melhores serviços e vende os melhores produtos. Fato é que, como sempre, teremos de nos adaptar, desta vez em um ambiente de trabalho em que não competimos apenas com as pessoas de nossa cidade, mas do mundo inteiro, e onde empregos realmente diminuirão, porém outras diversas e melhores oportunidades surgirão.

A VERDADE

Alguns textos que lemos acabam nos marcando de alguma forma. Um dos que mais me marcou, que li quando eu era adolescente, com meus 14 anos, era sobre uma cidade turística no Egito chamada de Sharm El Sheik, onde os hotéis cobravam menos de seus hóspedes em períodos de alta procura e taxa de ocupação. Eu não consegui entender.

Ia contra tudo que eu achava que sabia. Se tinha uma coisa que eu havia aprendido naquela época era sobre oferta e demanda, certamente a melhor matéria do colégio. E se eu havia aprendido bem, quanto mais pessoas querendo um produto, maior a tendência de ascensão nos preços, e não uma queda, como ocorria nos hotéis daquela cidade egípcia.

Pesquisando um pouco mais, descobri que o motivo para tal "distorção" da lei da oferta e da demanda girava em torno do público distinto, de acordo com a época do ano. A diferença na capacidade financeira dos públicos de cada período do ano era a responsável pela exceção à regra.

No verão, a época de maior ocupação, o público é, em sua grande maioria, composto de egípcios e turistas locais, que normalmente estão de férias. Justamente no verão, quando a demanda explode, os preços são menores que no inverno, quando a demanda é menor. Contudo, o que explica tudo isso é que o público que demanda um quarto de hotel na cidade de Sharm El Sheik no inverno é muito mais abastado. Costumam ser europeus fugindo de um inverno mais rigoroso e que têm a possibilidade de viajar durante essa estação do ano, e ainda há, contando a seu favor, a preponderância do euro perante a fraca libra egípcia.

Quando descobri isso, por incrível que pareça, muitas de minhas ideias mudaram, e comecei a questionar o evidente e a brigar com o que era tido como "óbvio". Isso foi muito importante para mim porque percebi, naquele momento, que eu não sei tudo. Muito pelo contrário. Quantas outras exceções à regra, como essa, existem pelo mundo? Infinitas.

Essa sensação de impotência, sem dúvida nenhuma, é ruim, mas ajuda a criar um sentimento de humildade, de busca por conhecimento e questionamento.

Costumo associar esse exemplo da cidade turística no Egito ao investimento chamado "de evento" na Bolsa de Valores. O investimento de evento nada mais é do que a situação em que alguém opta por comprar ações de uma empresa única e exclusivamente devido a um benefício que a companhia terá em uma circunstância específica. Um caso de investimento de evento é ter comprado ações da empresa de conferências remotas Zoom por conta da pandemia e do distanciamento social, o que favorece as perspectivas de curto prazo da empresa.

É como depositar toda sua confiança em algo que você, empiricamente, acredita que acontecerá. Parece bem óbvio que o distanciamento social alavanque os negócios da Zoom, mas a verdade é que não vale a pena investir em uma empresa dependendo de apenas um evento.

O investimento de evento é oriundo de uma ideia tão simples a ponto de o mercado todo ficar sabendo dessa tal "oportunidade", o que, consequentemente, faz com que os preços subam rapidamente. A critério de exemplo, desde o início do distanciamento social até o final de 2020, as ações da Zoom listadas na Nasdaq subiram mais de 600%. O provável é que você pague mais caro do que deveria por aquela ação. O evento pode até fortalecer a empresa e deixar o fluxo de caixa dela mais robusto, mas é preciso quantificar. Na maioria dos casos, os preços pagos já não são mais condizentes com o valor adicionado à companhia devido ao evento em questão.

Fora isso, nunca se sabe quando uma exceção como a de Sharm El Sheik aparecerá na sua vida. E se aparecer, é melhor que seja motivo de lição e aprendizagem, e não de queda patrimonial.

A MENTIRA

Um famoso especulador do século XX, chamado Bernard Baruch, tem uma frase genial e repleta de sentido: "Não tente comprar na baixa e vender na alta. Ninguém consegue fazer isso — exceto os mentirosos." Essa frase vai contra o maior bordão do mercado financeiro, o famoso "compre na baixa e venda na alta". Bordão que, inclusive, já discuti em algumas cartas. Mas dessa nova perspectiva trazida pelo financista, tiro algumas conclusões.

Sem dúvida nenhuma, comprar na baixa e vender na alta é uma tarefa ingrata, uma vez que se associa a nossa ilusória capacidade de prever o futuro. No entanto, como eu sempre digo, conhecer bem as empresas de seu portfólio pode te auxiliar a comprar ações descontadas e mais próximas do fundo. Provavelmente você não acertará o valor exato, mas quem liga para isso? Acertar o menor preço de compra de uma ação nada mais é do que uma briga sua com seu próprio ego.

Outro tópico muito importante da frase mencionada diz respeito aos mentirosos. O mercado está cheio deles, e se você é uma pessoa que acredita em tudo, definitivamente ele pode te enganar. A primeira grande mentira é a da pessoa física que fala que só ganha e nunca perde. É impressionante a capacidade das pessoas de esquecer seus erros e ressaltar seus acertos. Evite ao máximo discutir sua carteira de investimentos, isso é outra briga de ego que não te levará a lugar nenhum. A segunda grande mentira é a dos grandes *players*, como gestores de fundos, que vez ou outra dizem estar comprando uma posição que não estão, omitem a compra de determinadas ações que realmente estão comprando e às vezes até falam mal de alguma companhia da qual eles acreditam que comprarão ações em breve.

Por fim, a terceira grande mentira é a das empresas pouco transparentes e que estão sempre tentando vender ilusões para ganhos de curto prazo, em vez de focar objetivos de longo prazo. Um exemplo real que ilustra bem empresas que mentem para seus investidores se deu no século XIX com uma companhia chamada Keely Motor Company. A empresa enganou diversos investidores com seu projeto *Perpetual Motion Machine*. O objetivo da empresa e de seu fundador, John W. Keely, era fazer viagens cruzando os Estados Unidos utilizando como combustível incríveis... 1 litro de água. Como você deve imaginar, esse produto nunca chegou ao mercado, e a empresa se provou ser uma grande fraude que fez diversos investidores perderem dinheiro. Apesar de se tratar de um exagero, principalmente com todo o conhecimento que temos atualmente, situações parecidas com essa ocorrem todos os dias devido à ilusão do enriquecimento rápido que sempre fez parte no mundo dos investimentos.

Um detalhe importante para você não ficar exposto a empresas apresentando números mirabolantes e criando expectativas em seus acionistas é entender o sistema de bonificação dos executivos da empresa. Salvo raras exceções, costumo fugir de companhias que distribuem bônus aos seus executivos utilizando a valorização das ações como parâmetro.

Por essas e outras, vejo poucos caminhos disponíveis para alguém que quer investir na Bolsa além do contínuo estudo. Não importa se você vai querer investir ativamente, escolhendo suas próprias ações, ou "passivamente", escolhendo seus fundos. O estudo e o conhecimento são primordiais nas duas situações para evitar armadilhas e para que você não caia em algum conto de fadas. Como prêmio, o conhecimento ainda te deixa menos interessado em aparências e discussões de rendimento de carteiras e mais focado em estudar boas oportunidades.

VALOR DO MÊS!

Hoje, ao acordar e abrir meu e-mail, me deparei com uma carteira enviada por uma grande corretora com o nome "Carteira Valor do mês de agosto". Como ainda estava com um pouco de sono, preferi ir tomar um café antes de ver direito. Voltei e percebi que ainda estava escrito "Carteira Valor do mês de agosto". Não acreditei.

Fui tomar um banho e pensei comigo mesmo: "Devo estar lendo errado." Voltei, e ainda estava escrito a mesma coisa. Era uma carteira de "Valor" para o mês de agosto.

Investir em Valor — *Value Investing* — pensando no horizonte de um mês é algo completamente sem sentido. Será que chegamos a um ponto em que os *day traders* realmente dominaram o mundo e um mês passou a ser longo prazo? Pode ser.

Eu só peço para vocês que não deixem isso chegar ao conhecimento de Buffett e Munger. Acho que, se vissem essa carteira de "valor" com dez ações para o específico mês de agosto, eles não resistiriam a essa paulada. Tanto trabalho para diferenciar o preço do valor, para, então, querer acertar o que acontecerá em um mês!

O que acontecerá no próximo mês é totalmente irrelevante na minha carteira. E na sua?

MERCADO DE CAPITAIS

"Mas o mercado brasileiro tem muito para onde crescer! Apenas 3% dos brasileiros investem na Bolsa aqui, enquanto nos Estados Unidos, mais de 50% das pessoas investem na Bolsa."

É incontável o número de vezes que ouvi isso em minha vida com o intuito de mostrar o potencial do mercado de capitais do Brasil. De verdade, já ouvi mais de cem pessoas diferentes falando a mesma coisa, com as mesmas palavras.

Para mim, isso não passa de uma meia verdade. O mercado de capitais não é uma entidade mágica, à parte da sociedade e que funciona totalmente desvinculada do resto. Muito pelo contrário.

Afirmar que nossa Bolsa crescerá embasado apenas na comparação do número de investidores norte-americanos em relação aos brasileiros não faz tanto sentido quanto pode parecer na primeira vez que você se depara com tal afirmação. Para o mercado de capitais brasileiro realmente se desenvolver, muitas coisas devem ocorrer no campo da economia real. Mais especificamente, as empresas precisam crescer para fazer seus IPOs, e isso não depende única e exclusivamente do número de investidores. Eu diria, inclusive, que essa é a menor questão nesse contexto e é muito mais uma consequência do que uma causa.

Para mais empresas crescerem, é necessário diminuir a burocracia na criação e manutenção de uma companhia e facilitar a vida do empreendedor. Isso requer um esforço dos legisladores que, hoje, não vemos.

Podem cair 90% dos brasileiros de paraquedas na Bolsa... se continuarmos com poucas empresas listadas, com nossos produtos com pouca tecnologia e pouco competitivos no mercado internacional, continuaremos com um mercado de capitais fraco e, nesse contexto, possivelmente inflado.

Por fim, acredito que os Estados Unidos não têm 50% de sua população na Bolsa porque esses 200 milhões de pessoas foram educadas financeiramente, mas porque o contexto do país, como um todo, favorece isso. Um país que trata o empreendedor como deve ser tratado, que facilita a vida de quem produz, que não onera empresas desnecessariamente e que mantém a taxa de juros baixa é um país que cresce, gera valor, riqueza, tecnologia e, acima de tudo, dificulta a vida do rentista, fazendo-o buscar outras oportunidades com seu capital.

Lembre-se, a Bolsa de Valores são empresas, e não ações. Empresas estão em algum país, que, por sua vez, pode ajudar ou atrapalhar seus negócios. A conclusão sobre o que acontece é sua.

Quando o assunto é Brasil, sou mais otimista que a média, sem dúvidas. Mas, sinceramente, neste momento não vejo nada que possa ser usado de argumentação para que o Brasil tenha algo próximo desse número que vemos nos Estados Unidos. Daqui a uns dez anos, a gente senta e conversa para avaliar onde estaremos e se será valido discutir o número de investidores na Bolsa.

Hoje, a preocupação é o ambiente hostil que se cria para o empreendedor no país e como devemos mudar isso. Mude a imagem que os brasileiros têm de empresários, mude a visão da população sobre as empresas e dificulte menos o trabalho de quem produz. A partir desse ponto, investir na Bolsa será uma consequência e o mercado de capitais pulsará mais forte do que nunca.

CHUTEIRA E AÇÕES

Reza a lenda que um jogador de futebol achava que só conseguia jogar bem com uma determinada chuteira. Se ele jogasse com outra, inevitavelmente jogaria mal. Beira o misticismo e a superstição, mas a verdade é que existia um apego emocional entre ele e sua chuteira. Em um determinado dia, ao se preparar para o jogo, percebeu que a chuteira dele não estava no vestiário e caiu a ficha de que teria que usar outra. Ficou subitamente agitado, nervoso e sem saber o que fazer, totalmente perdido. Seus colegas de time nem o reconheciam, de tão agitado e nervoso que ele estava. Então, como bom profissional que era, entrou em campo. Fez a pior partida já vista por um jogador de futebol profissional. Não acertou um passe, não dominou uma bola, estava perdido em relação a sua posição dentro de campo e acabou sendo substituído após quinze minutos de jogo.

A pergunta que te faço sobre essa história é: essa vergonha que ele passou jogando ocorreu por qual motivo?

Ao internalizar que ele só poderia ter bons resultados dentro de campo com uma chuteira específica, ele simplesmente não conseguiu jogar com outra, e esse apego emocional o levou a fazer uma péssima partida.

A lição que fica para seus investimentos na Bolsa de Valores é a de que você não deve ter uma ação à qual é apegado emocionalmente. Isso nunca dá certo porque atrapalha que você tome decisões frias e embasadas. A chuteira não tem sentimentos, as ações dela não têm sentimentos, e ela não pode te fazer ter qualquer tipo de afeto ou ódio por elas. Trate as ações como elas são, pedaços de empresas, e não como parte da composição do que você é.

INVERTENDO AS BOLAS

"Vou para a Bolsa porque a Selic está baixa."

"Minha vida está muito calma. Vou pegar meu carro e dirigir a 180km por hora."

No primeiro momento, não existe nenhuma ligação entre essas duas frases. Entretanto, para mim, representam a mesma coisa. Você começar a investir na Bolsa apenas porque a "Selic está baixa" é como querer pegar seu carro e acelerar de forma irresponsável porque sua vida está "muito calma".

Não faz sentido nenhum, e eu explico.

Normalmente, quando a Selic (taxa básica de juros da economia) está caindo, a Bolsa tende a subir. Isso tudo por dois grandes motivos.

O primeiro é que, para as empresas, a queda na taxa básica de juros da economia pode ser muito favorável, pois abre portas para novas capitações e a consequente execução de projetos, expansão etc. Dessa forma, o mercado tende a se animar com essas possibilidades, e isso faz com que os preços das ações subam.

O segundo: o fluxo de pessoas saindo da renda fixa e indo para a renda variável aumenta, já que a renda fixa, atrelada, na maioria dos casos, à Selic ou ao CDI (*proxy* da Selic), perde um pouco de sua atratividade.

A soma desses dois principais fatores costuma fazer a Bolsa subir quando a Selic cai. Contudo, não faz o menor sentido um investidor sem experiência e sem conhecimento em renda variável começar a investir em ações apenas porque está insatisfeito com seus retornos na renda fixa. Repito: não faz sentido.

Quando alguém entra na Bolsa para aumentar seus retornos sem entender de verdade os riscos inerentes ao investimento em ações, o resultado não costuma ser positivo. E isso acontece justamente quando os juros caem e os investidores, que antes estavam acostumados a investir na renda fixa e ter retornos excelentes, passam a migrar suas economias para a Bolsa.

Como em tudo relativo à Bolsa de Valores, você deve fazer o que a maioria não consegue, e não aquilo que todo mundo faz. Então, inicialmente, o investidor deve estudar bastante antes de mover parte de seu patrimônio para a Bolsa. Posteriormente, os melhores retornos não virão quando tudo parece favorável à sua entrada na Bolsa.

O ano é 2014. Dilma é reeleita. A Selic é de 14,50%. Não há como o contexto ser pior. Investir na Bolsa com esse governo era considerado um absurdo. Seu dinheiro em títulos públicos já estava em risco, pois com mais um governo Dilma, até o calote era possível. No entanto, todo mundo está muito satisfeito com o retorno dos títulos públicos e ninguém vê motivos para correr ainda mais risco na Bolsa tendo uma rentabilidade dessas com muito menos risco.

Pois bem, Selic alta, contexto péssimo, e mesmo assim, foi um dos melhores momentos da história para investir na Bolsa. O Ibovespa chegou a subir 200% em 4 anos.

A conclusão é simples: quer entrar na Bolsa? Estude e jamais entre porque não está gostando da sua rentabilidade na renda fixa. Isso é cíclico, pode não voltar para os 14% de antes, mas com certeza em algum momento aumentará. Principalmente se utilizarmos como base o Brasil, um país tão imprevisível que dizem que até o passado aqui é incerto.

Caso você queira entrar na Bolsa no melhor momento, não entre com a Selic baixíssima. Entre quando ninguém quer entrar, e não quando todo mundo está igualmente insatisfeito com a renda fixa e quer investir em ações.

Normalmente, quando todo mundo está insatisfeito com a rentabilidade da renda fixa, está chegando o momento de vender na Bolsa, e não de comprar, e para encontrar as boas oportunidades que ainda existem, só estudando. Ou seja, não tem escapatória, um bom investidor estuda sempre.

FISCAL E MONETÁRIO

A economia de um país é muito impactada pela parte monetária, que lida principalmente com mecanismos que podem aumentar ou diminuir a quantidade de moeda em circulação. A economia também sofre forte influência pelo lado fiscal, que diz respeito às receitas e aos gastos governamentais. E diferentemente do que muitos pregam, a política fiscal e a monetária estão intrinsecamente interligadas.

No Brasil, a corrente econômica heterodoxa, que visa o crescimento a qualquer custo, quase sempre venceu a corrente ortodoxa, que é aquela que visa a responsabilidade fiscal e monetária como base para o crescimento. Essa predominância da corrente heterodoxa trouxe consequências terríveis paro o longo prazo e que nos acompanham até hoje. Se ainda existe dúvida sobre esse fato, vale a pena olhar o problema fiscal que acompanha o país e trava seu crescimento.

A partir disso, gostaria de colocar uma dúvida que é muito comum até mesmo para quem nem sabe que tem essa dúvida: por que, quando o governo gasta mais do que pode, minha vida é prejudicada?

Quando um governo opta por gastar mais do que arrecada, temos um impasse fiscal. Assim como uma empresa não pode passar anos gastando mais do que tem de receita, o governo também não pode passar anos gastando mais do que arrecada com impostos.

Quando uma empresa começa a gastar mais do que pode, ela passa a ter que pedir empréstimos. O primeiro vai bem, os bancos olham o histórico e conseguem fornecer capital a boas taxas (para nível Brasil). Caso a situação se perpetue, ao passo que a dívida da companhia sobe, as taxas cobradas pelos bancos também só aumentarão, uma vez que o risco de a empresa não pagar suas dívidas cresce no mesmo ritmo em que a quantia devida sobe.

Mas com o governo é diferente, afinal, ele gasta em prol do povo, que exige esses gastos, não é? NÃO!

Quando um governo gasta insistentemente mais do que arrecada, o risco-país aumenta e ele passa a ter um custo de captação muito maior. Quanto maior o risco de o país não honrar suas dívidas, mais ele terá que remunerar os investidores que colocaram seu dinheiro ali. É a famosa regra do risco e retorno. Se eu tenho mais risco, é natural que eu exija um retorno maior. Em outras palavras, a partir do problema fiscal, temos um impacto na política monetária do país, já que a taxa básica de juros da economia, a Selic, tende a aumentar para fazer jus ao acrescimento do risco de se investir no país.

Por fim, uma Selic alta faz com que empresas invistam menos, menos empregos sejam gerados, menos impostos sejam pagos e, em última instância, haja menos acesso à educação, saúde e segurança para a população.

O desenvolvimento do país passa diretamente pela manutenção da Selic baixa, que, por sua vez, depende também diretamente de um governo responsável.

POUPANÇA OU EUROPA?

Jeremy Siegel, em determinado momento de seu livro *Investindo em ações no longo prazo*, faz uma análise previdenciária mundial utilizando dados históricos e demográficos e os comparando com ciclos econômicos. Com isso dito, eu gostaria de fazer uma análise simples e empírica, mas pautada em ideias e números de alguns autores muito interessantes além de Siegel, como Ray Dalio. O principal intuito deste texto é expor a história e os dados, seguidos de uma sequência lógica.

Pois bem, a primeira ideia a ser interpretada é a de que a economia é feita de ciclos de curto e longo prazo. Durante os ápices de curto prazo, quando a população enxerga prosperidade e alcança bens desejados, o governo encontra possibilidade de realizar reformas claramente prejudiciais para a economia de longo prazo, porém, de forma geral, populares. A título de exemplo, no intervalo de 1950 até 2010, a idade média de aposentadoria nos Estados Unidos caiu de 67 para 62 anos. Durante esse período, no auge dos ciclos de curto prazo, medidas populistas foram gradualmente sendo adotadas, e no final o resultado foi um decréscimo da idade de aposentadoria em 5 anos.

O mais interessante é que, na mesma época em que a idade de aposentadoria caiu em 5 anos, a expectativa média de vida do norte-americano subiu 9 anos, então fica claro que existe uma disparidade fomentada por governantes. Esse é um exemplo clássico de que os governantes não se preocupam com outra coisa além de se manter no poder (muitas vezes utilizando o populismo para atingir tal objetivo).

A critério de comparação, nos Estados Unidos de 2013 existiam 28 aposentados para 100 trabalhadores, proporção que era de 13 para 100 em 1950. A previsão é de que em 2050 sejam 56 para 100. Temos ainda o Japão, o caso mais emblemático de todos, onde a previsão é de 113 aposentados para 100 trabalhadores ativos.

A partir desses dados, tem-se outra discussão. Em alguns países, como o Japão, já existe uma cultura de que dificilmente o governo sustentará todos. Logo, o único caminho é você conseguir se aposentar com suas reservas.

Contudo, isso não ocorre em todas as localidades, e em alguns países, como França, Itália e Espanha, existe uma ilusão coletiva que beira o delírio. A ideia que predomina nesses países é a de que o governo aposentará todo mundo, sem nenhuma contrapartida. Isso definitivamente não acontecerá.

Na verdade, o que parece evidente é que nos países onde existe a crença de um governo com controle previdenciário o problema será pior. A população empurra para o governo, o governo tenta negociar contrapartidas com a população, que, por sua vez, não aceita e empurra para o governo novamente. E se você ficou preocupado com a situação norte-americana colocada no início deste texto, veja os números europeus.

No início da década de 1970, muitos países europeus viram a idade de aposentadoria sair dos 65 anos e ir para 60 e, em alguns casos, até para 55 anos. Algo similar até aconteceu nos Estados Unidos durante essa época, principalmente devido ao contexto global. Nessa mesma década, Nova York, por exemplo, passou por uma grave crise.

Isso tudo com duas grandes diferenças entre a situação europeia e a norte-americana. Nos Estados Unidos, menos benefícios foram concedidos, e a população é mais jovem. Com a estrutura demográfica mais favorável, os Estados Unidos, desde então, trilharam uma trajetória de crescimento. Já na Europa, a situação não é tão animadora.

Conclusão: os países europeus mencionados não conseguirão aposentar as pessoas aos 60 anos com a expectativa de vida de 80 anos. Os idosos que envelheceram na ilusão de um governo com obrigação previdenciária não economizaram o suficiente para se manter nos últimos anos de vida.

Adivinha o que eles farão? Venderão o patrimônio que acumularam. Problema resolvido? Longe disso.

A consequência disso tudo é que muitas pessoas venderão seus imóveis e outros ativos para viverem o resto da vida. Com o aumento abrupto da oferta de ativos, os preços tendem a cair, fazendo com que a aposentadoria realmente fique apenas nos planos.

A geração que veio deles será obrigada a trabalhar mais. Mas a matemática não fecha. Durante os últimos sessenta anos, um grande grupo de pessoas trabalhou pouco tempo, e agora cai sobre a nova geração (em número menor de pessoas) a responsabilidade de sustentar a geração passada. A conta não fecha. Fora isso, a desvalorização de ativos passa a prejudicar diretamente o governo e sua arrecadação, tornando-o ainda mais passivo na situação.

A solução proposta por Jeremy Siegel

Ainda assim, existe uma alternativa na qual Jeremy Siegel acredita: a integração plena dos países desenvolvidos com os em desenvolvimento e os pobres. Entretanto, essa questão parte de uma premissa básica que é a de menos barreiras comerciais, algo que não vemos hoje.

Em um mundo sem (ou com menos) barreiras comerciais, ou seja, sem protecionismos, os jovens das nações em desenvolvimento podem produzir e comprar ativos dos idosos das nações ricas. Caso as barreiras forem consideravelmente reduzidas, os idosos poderão se desfazer de seus bens pelo preço esperado vendendo-os para chineses, por exemplo, que desde 1980 viram seu poder aquisitivo crescer 15% e novos 190 milhões de pessoas entrarem na classe média do país por ano.

Outro país capaz de ajudar nesse processo é a Índia, que desde 1991 se aproveita de medidas mais liberais adotadas por seus governantes, como, por exemplo, um grande processo de desburocratização e permissão de entrada de capital estrangeiro.

Muitos países da África também têm chances de ajudar. Hoje a relação média na África de aposentados para pessoas trabalhando é de 7,5 para 100.

Se eu acho que isso acontecerá na Europa? De forma alguma. Hoje existe uma grande discussão sobre se estrangeiros deveriam ter acesso aos empregos existentes na Europa, e essa discussão muitas vezes se transforma em xenofobia. Logo, em vez de agradecer à mão de obra estrangeira, os cidadãos desses países tentam expulsá-la. Você acha a poupança um investimento ruim? Imagina investir em uma bolsa europeia.

BUROCRACIA

Todo o mundo sabe que o Brasil, até aqui, deu errado. Criticamos a corrupção que permeia o país entre as esferas mais distintas, também falamos da falta de competitividade de nossos produtos no mercado externo e que somos apenas um país exportador que não agrega nada à matéria-prima que exportamos. Sempre que penso nesses e em diversos outros problemas estruturais, me deparo com uma questão em comum: a burocracia.

Segundo o dicionário, burocracia é um "sistema de administração pública por meio de um conjunto de funcionários lotados em ministérios, secretarias e órgãos, sujeitos a regulamento, hierarquia e rotina". E aqui no Brasil, tudo é muito. Temos muitos regulamentos e por isso temos muitos órgãos, que, por sua vez, têm muitos funcionários.

Somos um país totalmente engessado, onde as coisas são difíceis de serem feitas. E por difícil entenda custoso. Burocracia é sinônimo de aumento de custos e de corrupção.

A declaração de impostos no Brasil não é para amadores. Empresas grandes gastam fortunas para conseguir executar essa tarefa, o que, por consequência, aumenta os custos das empresas de forma absurda. Mas a pergunta que vem daqui é: quem paga essa conta? A resposta é tão intuitiva quanto a pergunta: quem paga a conta é o consumidor. Todo esse custo é repassado para o elo mais fraco da história.

A burocracia é acompanhada de outro grande problema, que é a corrupção. O filósofo iluminista Rousseau acreditava que o ser humano é bom em essência (o que daria origem ao famoso mito do bom selvagem), mas as instituições acabaram corrompendo os indivíduos. Não compactuo na integridade com as ideias dele. Na verdade, acho que ele seria contra boa parte deste texto, apesar de também criticar duramente a corrupção. De toda forma, essa ideia do bom selvagem é fundamental para entendermos por que a burocracia leva à corrupção.

No Brasil, tudo é lei. Praticamente todo estabelecimento do país descumpre alguma lei. Em uma breve pesquisa no Google, podemos descobrir que no Brasil existem mais de 180 mil leis, entre as federais, municipais e estaduais. Com base nesse número, podemos concordar que ninguém consegue seguir todas essas leis, até por desconhecer a grande maioria delas, afinal, não deve ser fácil decorar 180 mil normas!

E, para piorar, com outra breve pesquisa no Google você pode ver que mais de 5 milhões de normas já foram alteradas desde a Constituição estabelecida em 1988. Então já não basta esse tanto de lei, é necessário mudá-las insistentemente para confundir ainda mais o brasileiro.

E a consequência é simples: um fiscal vai a uma loja e a fecha na hora que quiser, pois com toda a certeza do mundo essa loja está infringindo alguma lei. A partir desse ponto surge uma triste brecha para a corrupção. Essas leis criadas por políticos, que teoricamente sempre têm como desculpa proteger alguém e visam o voto dos eleitores, acabam criando uma grande máquina de corrupção ainda maior que as lideradas por eles mesmos.

Não estou falando que não devemos ter leis nem nada do tipo. Contudo, estou, sim, afirmando que não deveríamos ter 180 mil leis. São essas leis que enfraquecem nossas empresas e repassam custos para consumidores, que, por sua vez, tendem a ter uma qualidade de vida pior (seu dinheiro compra menos), e isso tudo envolvido em um sistema que favorece a corrupção.

Passando para um exemplo prático, se eu tenho uma fabricante de equipamentos médicos e preciso contratar muitas pessoas para o setor de contabilidade, esses equipamentos encarecem e, em última instância, o seu plano de saúde também encarece.

Se eu tenho uma escola e devo seguir milhões de leis para ela funcionar, e quando funciona, preciso de um setor administrativo-contábil gigante, em última instância, o valor da mensalidade será maior.

Tudo é repassado para o consumidor, direta ou indiretamente. Lembre-se de que a escola, para funcionar, precisa de quadros-negros, cadeiras, brinquedos, papel e diversas outras coisas. Todas as empresas que produzem esses artigos mencionados passam pelos problemas de aumento de despesas burocráticas e, consequentemente, do preço do produto, porque existem muitas leis desnecessárias e que, novamente, em última instância, deixam a mensalidade da escola mais cara.

Todo esse contexto coloca o país em uma situação muito delicada, e nunca passa pela cabeça dos governantes diminuir a burocracia, pois isso não dá voto. O pensamento nunca gira em torno da causa-mãe do problema: a burocracia.

Chegamos então à questão principal. Uma boa pergunta seria: se os produtores não conseguem ter um produto competitivo no mercado internacional (maiores custos e despesas com burocracia) e se eu deixar produtos de outros países entrarem aqui, os empresários do Brasil quebrarão?

A dúvida é válida. A solução de nossos governantes, nem tanto.

Afinal, uma ótima saída seria diminuir a burocracia para deixar o país mais competitivo internacionalmente, não é?

Aumentar impostos de produtos importados a patamares absurdos para que os empresários brasileiros sobrevivam e que o governo continue arrecadando impostos em prol de interesses políticos e contra interesses do país? Pela lógica de nossos legisladores, sim.

Não faz sentido, mas parece que é assim que a banda toca em terras tupiniquins. E, sim, empreender no Brasil é um ato de heroísmo, com trabalho dobrado e competência elevada a níveis máximos.

E o mais importante para você investidor: leve isso em conta na hora de investir em empresas. Alguns setores, que passaram anos gastando fortunas desnecessárias para dar satisfação para o governo, podem, infelizmente, sumir da noite para o dia com apenas uma canetada do mesmo governo que sempre os prejudicou e a todos os brasileiros.

POLÍTICA E INVESTIMENTOS

É difícil negar que a política interfere nos investimentos. Em diversas situações, a política tem seu impacto nos investimentos. Contudo, para quem tem a mentalidade correta, principalmente na Bolsa de Valores, esse impacto tende a ser menor.

A política realmente pode dar mais ou menos confiança para os investidores, pode dar mais ou menos segurança fiscal para os empreendedores, pode trabalhar em prol ou contra uma taxa de juros baixa e estável. Independentemente disso, ainda não encontramos e nem encontraremos um modelo de governo que não envolva política. Existe uma corrente que acredita que é possível a vida em comunidade e sem um governo. Eu, particularmente, acho essa uma ideia bem inviável.

Gosto bastante de uma história que se apresenta na *Bíblia*, logo no início do Novo Testamento. Uma mulher chega a Jesus com um perfume muito caro e o derrama sobre a cabeça dele. Então, alguns discípulos, ao ver a cena, questionam o desperdício, alegando que o perfume poderia ser vendido e utilizado para ajudar os pobres. Jesus responde: "Por que vocês estão perturbando essa mulher? Ela praticou uma boa ação para comigo. Pois os pobres vocês sempre terão consigo, mas a mim vocês nem sempre terão (...)."

No primeiro momento, ao lermos isso, a reação automática é achar que Jesus é um cara totalmente cheio de si, arrogante e alguns outros adjetivos pouco elogiosos. Contudo, a história tem um sentido muito mais amplo. A minha conclusão é bem simples: é preciso existir uma hierarquia para que o bem (seja lá qual for sua interpretação de "bem") seja feito.

Longe de mim querer comparar a figura de Jesus a qualquer um dos líderes governamentais que existem atualmente. Na verdade, meu objetivo é exatamente o contrário. Apesar de termos governantes que não estão à altura intelectual e moral necessária para ocupar os respectivos cargos, dificilmente encontraremos um modelo governamental, seja qual for, no qual não exista uma hierarquia, a política e os consequentes problemas. A vida humana/animal é embasada em hierarquias, e é difícil imaginar que isso não teria uma transposição natural para nossa sociedade.

Então, levando em conta que um eventual governo sem hierarquia e onde todos são iguais seja uma completa utopia devido à própria natureza humana, temos que lidar com todo esse ambiente político-governamental. E no que tange seus investimentos, a melhor maneira de você lidar com isso é separar o joio do trigo. Não digo isso para você escolher melhor seus representantes (porém, se quiser ajudar, agradeço), mas sim para que consiga distinguir ruídos de verdadeiros desastres.

Uma privatização que estava nos planos de um governo e não se concretizou pode fazer a Bolsa cair por um ou dois dias, mas não terá um impacto em todas as companhias de um país em um horizonte mais longo. A eleição de um governo que não agrada ao mercado pode ter um impacto negativo no primeiro momento e até impactar indiretamente as operações de algumas empresas, mas dificilmente impedirá que todas as companhias de um país cresçam. Entretanto, um governo que não preserva as instituições ou implanta um sistema em que a hierarquia vale apenas para eles, esse, sim, é uma ameaça ao futuro do país e das empresas.

Em suma, esse alto risco político, também chamado de instabilidade política, é característico de países emergentes, como o próprio Brasil. Nesses países, os riscos de implantação de um sistema que possa prejudicar no longo prazo são maiores, e é por isso que é uma loucura você ter todo seu dinheiro investido apenas em um país emergente. A diversificação, tão pregada por tantos gurus financeiros, não deve ser feita apenas entre empresas, mas também entre moedas.

Acredite se quiser: o melhor seguro que você pode ter em sua carteira contra uma ameaça política é investir em dólar. Ter dólar é mais importante para um brasileiro do que para um norte-americano, e olha que eles compram comida com essa moeda.

HÁBITO

Você já reparou que o hábito deixa tudo mais fácil? Quando me coloquei a obrigação de sempre escrever textos neste formato, achei que não valeria a pena, que eu já faço muita coisa e que poderia não conseguir escrever com frequência. Mas é impressionante que, quando a gente quer executar algo, a falta de tempo não é uma desculpa válida, e quanto mais hábitos positivos você encaixa em seu dia, mais produtivo você é.

Outro exemplo clássico é aquele de quando você começa a fazer exercício físico. Depois do primeiro dia, você acha que nunca mais voltará. Uma corrida de 3 quilômetros parece durar anos. Se você vai à academia, 10 quilos no equipamento mais fácil parecem ser uma tonelada. Mas se você persiste e faz disso um hábito, tudo fica mais fácil. Você começa a ver o quanto os processos vão ficando mais fáceis, 3 quilômetros se tornam o aquecimento, 10 quilos parecem uma pena. Tudo isso graças ao hábito.

Psicologicamente, o ser humano tem a possibilidade de entrar em uma espécie de piloto automático, então, se hoje eu corro 5 quilômetros por dia e quero começar a correr 10, o primeiro dia será muito difícil, o segundo será quase igualmente difícil, e a saga continuará até que os 10 quilômetros se tornem os 5 de antes.

Esse é o ser humano. Sempre temos espaço para melhorar.

O poder do hábito é um best-seller *que* gira em torno de compreender o que realmente é um hábito e como chegar até ele. Existem várias estratégias que podem te auxiliar a criar um hábito, como, por exemplo, o sistema de pequenas recompensas após o sacrifício de fazer o que você queria fazer.

Esse livro se tornou um dos mais vendidos do mundo, e muitos jovens o tiveram como sua primeira leitura (talvez, ironicamente, para criarem o hábito de ler mais). Outras tantas pessoas o compraram para aprender a como se livrar de hábitos ruins e substituí-los por hábitos positivos.

O livro te entrega o caminho para tudo, é como um roteiro, "basta" seguir. A questão é que a diferença entre saber o que deve ser feito e de fato fazer é gigante.

Na Bolsa de Valores é a mesma coisa. Você sabe que deve resistir aos impulsos e ter uma análise mais fundamentada antes de investir, entretanto, não é porque você sabe o que deve fazer que é fácil fazer. Resistir ao primeiro impulso e refletir melhor antes de tomar uma decisão é como passar de uma corrida de 5 para 10 quilômetros por dia. Mas você pode conseguir. Tornar-se uma pessoa menos impulsiva e mais fundamentada é um trabalho constante, e mesmo quando isso se tornar um hábito, você ainda terá problemas. Há dias em que você quer parar nos 8 quilômetros, mesmo já tendo criado o hábito e sabendo que consegue correr mais 2.

Primeiro, você tem a ideia de mudar algo em seu dia a dia, depois você começa a executar, vai se adaptando, e aquilo se torna um hábito, que, por sua vez, sempre precisa ser atualizado e reforçado.

É difícil chegar ao hábito, mas quando isso é atingido, deixa sua vida mais fácil, é fato. Contudo, ainda vale enfatizar que criar um hábito não é garantia de nada. Hábitos também acabam, é preciso ter disciplina para mantê-los.

DISCIPLINA

Por volta de março de 2020, o coronavírus começou a dar sinais de sua presença no Brasil. Desde então, a saída encontrada para resolvermos esse problema foi a quarentena/isolamento social. Tal fato gerou, no primeiro momento, muitos questionamentos, mas posteriormente exigiu muita disciplina de todos. Aqueles que podiam trabalhar de casa deveriam fazê-lo, e os que tinham que continuar indo ao trabalho deveriam tomar todos os cuidados. De qualquer forma, a disciplina era exigida.

E o que percebi nesse meio tempo é que a minoria das pessoas tinha a disciplina necessária para seguir essas novas regras. Isso ficou claro quando até mesmo pessoas que haviam concordado com o isolamento social, em determinado momento, pararam de seguir as medidas.

Que fique claro que este texto não tem a pretensão de discutir a eficácia ou não das medidas do governo, mas sim de expor a hipocrisia/falta de disciplina de algumas pessoas e analisar esse comportamento. A conclusão é a de que, quando alguém concorda e tem todos os meios para fazer alguma coisa e não faz, essa pessoa simplesmente não tem disciplina. E a pior característica de um investidor é a indisciplina. Um investidor indisciplinado não consegue seguir seu planejamento, não consegue comprar e vender posições no momento correto e, por consequência, não consegue ganhar dinheiro.

Nós brasileiros tendemos à indisciplina. Não sei exatamente o motivo, mas acredito que isso seja oriundo dos milhares das leis que temos que seguir. É literalmente impossível seguir todas as leis que são impostas, logo, a tendência é a de que algumas sejam desrespeitadas, e isso acaba por prejudicar a ideia de um regimento geral a ser seguido.

Voltando para a área dos investimentos, veja no gráfico a seguir, que ilustra a diferença de quem aporta mensalmente (tem disciplina) e de quem não o faz.

A história do gráfico é a seguinte: se em 1986 duas pessoas investissem R$100 mil (não existia o real, mas está ajustado de acordo com a conversão) no Ibovespa e uma delas aportasse R$500 todos os meses e a outra pessoa não fizesse aportes, este seria o resultado: a pessoa que fez aportes teria R$1,4 milhão, enquanto aquela sem aportes teria R$540 mil.

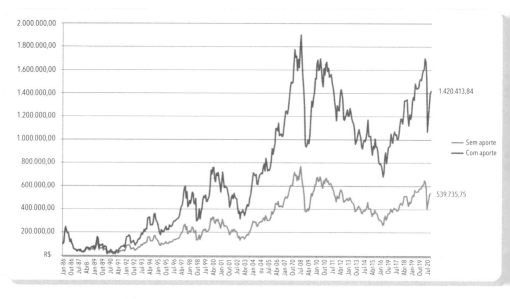

Fonte: Economatica, elaboração própria.

Sempre que falo sobre a importância da consistência nos investimentos, eu me lembro da curta fábula do vento e do sol, elaborada pelo criador desse gênero literário, Esopo. Nesse texto ele relata que o vento e o sol brigavam para ver quem era mais forte. Uma pessoa estava caminhando na terra, e eles apostaram que quem fizesse o andarilho tirar o casaco em menos tempo era o mais forte. O vento começou a disputa e passou a soprar freneticamente, com a maior força que era possível. Contudo, quanto mais o vento ficava intenso, mais o viajante se agarrava ao casaco. O vento, sem saber mais o que fazer, cedeu a tentativa ao sol. Este, por sua vez, logo apareceu e passou a brilhar. Com algum tempo de persistência, o homem, já sentindo o calor do sol, tirou seu casaco. O sol, juntamente com constância e persistência, venceu o vento e sua fúria momentânea.

Enfim, independentemente de qualquer coisa, os fatos estão expostos e a reflexão tem que ser feita. Se você não tiver disciplina em nenhuma área de sua vida, dificilmente será um bom investidor.

CONFLITOS DE INTERESSE E PESSOAS DO BEM

A cada dia que passa, fica mais claro para mim que nossa mentalidade, como seres humanos, é embasada na doutrina dos contrários. A doutrina dos contrários, inicialmente elaborada pelo filósofo pré-socrático Heráclito e tão discutida posteriormente em diferentes contextos, define que os opostos são algo como uma lei universal, já que nada existiria caso seu oposto não existisse. Exemplo simples: se todo mundo fosse do bem, o mal não existiria, e vice-versa.

Nossa mente, e consequentemente o mundo, é regida por opostos. O embate dialético entre bem e mal é um exemplo claro disso. Quem nunca se questionou o que é o bem e o que é o mal? Pode parecer óbvio, porém essa é uma resposta difícil de ser obtida. Fato é que somos moldados no antagônico. O embate entre o bem e o mal, o caos e a ordem, o lado esquerdo e o direito do cérebro é amplamente estudado, de modo muito profundo, há muito tempo, e isso deu origem a belíssimos conceitos, como os símbolos taoístas, desde o mais famoso, o Yin-Yang, até o Taijitu Shuo. Como também não lembrar de diversos arquétipos bíblicos, tal como o Jardim de Éden?

Mesmo que muitos não se deem conta, esse é um embate constante do ser humano. E devido a essa nossa natureza, tendemos a dividir o mundo entre pessoas do bem e pessoas do mal em todas as circunstâncias. Obviamente, o bem e o mal existem, entretanto, essa existência não impede que ocorra uma divisão do mundo bastante equivocada. Esse equívoco se dá principalmente devido à maneira simplista pela qual, grande parte das vezes, essa divisão é colocada em prática, mesmo perante sua inerente complexidade.

Por tal motivo, tenho dúvidas sobre a aplicação do maniqueísmo como doutrina universal, mesmo tendo certeza da existência tanto do bem quanto do mal, em diversas ocasiões. A pergunta que mais me aflige é: como podemos dividir em duas partes o conceito de bem e mal se ele é algo que nem sequer sabemos definir de forma unânime? Não é possível estabelecer uma linha precisa de separação, e talvez esse seja o motivo pelo qual esses grupos sejam divididos em composições tão diferentes de acordo com percepções individuais.

Mesmo sem um conceito bem delimitado, somos todos parte dessa mistura antagônica, e quem percebe isso antes fica mais próximo de controlar suas próprias atitudes de acordo com o que acredita ser o certo a ser feito. Desse modo, as pessoas que se dizem do bem estão, muito provavelmente, sendo pouco transparentes ao esconderem o mal que existe dentro delas mesmas. Não sei o que essas pessoas consideram ser "mal" ou "bem", mas ao se definir, você provavelmente está assumindo a insegurança de que algo deve ser mudado em você e que seu embate interno não te entregou o resultado esperado. Em minhas reflexões, cheguei à conclusão de que uma característica preponderante em quem realmente está mais próximo do bem é a transparência, inclusive de reconhecer o embate interno tão antagônico e, por consequência, não se definir como sendo a exemplificação do "bem". Convenhamos, a sua inspiração não deveria ser você mesmo.

Sendo assim, separar as pessoas em dois extremos é um equívoco, já que, por essa perspectiva idealizada, ninguém te agradará. Ou pior, quem te agradar irá fazê-lo por conseguir te enganar, e não por ser verdadeiramente aquilo que você acredita que aquela pessoa é. O que as pessoas apresentam para o mundo exterior não é o que elas são de verdade. Essa é uma ideia muito discutida por Carl Jung na elaboração da concepção de "persona", que é justamente a máscara utilizada em público e que, se exagerada, corre o risco de enganar a própria pessoa, a ponto de fazê-la viver sem consciência. Esse é outro fator que me faz questionar essa divisão entre o que é certo e errado embasado primordialmente nas aparências.

Por ser um tema muito difícil de ser interpretado, principalmente no âmbito específico e individual, o melhor que você pode fazer é analisar a transparência. Quem se define como do "bem", por consequência, tende a ser uma pessoa pouco transparente — muitas vezes, até com ela mesma. Todos temos nossos interesses em relações profissionais e pessoais. Não há como fugir disso, mas é preciso ser transparente.

Utilizando um exemplo do mercado financeiro, todos questionam a falta de transparência e o evidente conflito de interesse dos gerentes de bancos, que sempre oferecem produtos aos seus clientes com um único objetivo: bater suas respectivas metas. Contudo, muitos dos que criticam fazem a mesma coisa. Quem conhece os bastidores dos agentes autônomos de investimentos sabe que existem conflitos de interesse na relação com o cliente, por mais que eles não ofereçam os terríveis títulos de capitalização aos investidores, como alguns gerentes fazem.

Não é diferente com analistas de ações. Em determinadas casas de análises, eles também apontam o dedo para outros conflitos de interesse, mas ignoram os que eles mesmos têm quanto aos seus relacionamentos com as empresas e suas indicações. Analistas querem preservar a relação que têm com as empresas listadas na Bolsa de Valores a fim de sempre terem um acesso para tirar dúvidas e conversar com pessoas de alto escalão. Entretanto, esse relacionamento pode impedir que um analista mostre para seus clientes que determinada companhia tem muitos problemas, por isso você pode perceber que, na grande maioria dos relatórios de análise de ações, os analistas indicam compra. Obviamente, uma casa de análise não indica para seus clientes uma ação que julga ser ruim com o intuito único de preservar o relacionamento com os executivos, mas não mostrar a realidade de algumas empresas para seus clientes pode ser algo recorrente.

Meu ponto aqui é o seguinte: é possível ajudar verdadeiramente seu cliente e ganhar dinheiro. Em todas as áreas de atuação, é viável fazer isso, contanto que você seja transparente. No papel de cliente, busque sempre assessores, analistas e gerentes transparentes. No papel de assessor, analista e gerente, seja transparente com seus clientes.

Não faça essa divisão generalistas entre pessoas embasada em cargos. Em alguns casos, um gerente pode ser melhor que um assessor de investimentos, por exemplo. Portanto, vale a pena ter uma mentalidade mais aberta em todos os aspectos e não separar o mundo sempre entre "eles" e os "nossos" ou os do "bem" e os do "mal". Além de correr o risco de estarmos equivocados, é fato que aprendemos muito com o oposto. Por fim, é importante salientar que, ao relativizar conceitos como "bem" e "mal", meu objetivo não é propagar niilismo a tal ponto em que "bem" e "mal" não existam. Para mim, é bem claro que existem, contudo, não necessariamente em todas as situações.

Em resumo, o que diferencia as pessoas não é a ausência de conflito de interesse. Todos nós temos esses conflitos. Nossa vida é um grande conflito entre figuras, situações, pessoas e pensamentos antagônicos. O que realmente diferencia você como prestador de serviços, como um membro de sua família e como profissional é a transparência, e não a ausência de conflito de interesse.

QUANDO CHEGAR A HORA DE VOCÊ PERDER DINHEIRO, VOCÊ PERDERÁ

Existem diversas carteiras mirabolantes que teoricamente apresentam baixíssimo risco, com uma boa parcela do portfólio alocado em ouro, outra parcela em fundos imobiliários, e empresas que pagam bons dividendos. Por fim, nessa carteira teoricamente supersegura, o restante costuma estar alocado em uma aplicação, supostamente sem risco, por exemplo, títulos públicos.

Essa é a carteira que muitos especialistas em investimentos te dizem ser "tranquila, de risco baixíssimo". Porém, o que não te dizem é que uma carteira diversificada, com bons fundos, boas ações e ouro, não está imune aos riscos sistêmicos. Exemplos recentes: a crise de 2008 e a crise do coronavírus.

Nesses momentos, a correlação entre os ativos tende a 1, ou seja, tudo caí. Esse é um conceito simples, mas desconsiderado por muitos. Um exemplo famoso é o fundo *Long Term Capital Management*, criado por acadêmicos e moldado nos padrões estabelecidos por Markowitz, chegando próximo ao teórico risco diversificável zero. Mas mesmo otimizando a carteira do fundo com fórmulas estatísticas para ter posições descorrelacionadas, eles desconsideraram que o mundo nem sempre é estável e que dados históricos não representam o futuro e, por isso, nem sempre são aplicáveis. Como resultado, o fundo acabou sendo liquidado.

Apesar das menores proporções e de consequências menos trágicas, o mesmo ocorreu com Ray Dalio, um dos maiores gestores do mundo, que passou anos falando sobre a mudança de paradigma, o fim de um ciclo que durava mais de uma década. Para Dalio, nesse momento, a melhor saída era o ouro. O ouro, que, segundo ele, era um investimento mais sólido e, por sua escassez, fazia mais sentido ter ouro na carteira do que dólar. Afinal, dólar pode ser impresso, e ouro não. Ele chegou a dizer algumas vezes que "dinheiro é lixo", então passou alguns anos acumulando ouro como uma participação expressiva de seu portfólio.

Em 2020, veio o coronavírus, e o fundo dele caiu 20% em um pequeno espaço de tempo. Uma queda gigantesca para um *hedge fund* do tamanho da Bridgewater Associates. O ouro teve uma queda que muitas pessoas nem entenderam. Sempre falaram que ouro era o investimento ideal para quem quer proteger patrimônio. Essa queda mostrou para muitas pessoas que o ouro não é um produto negociado em Júpiter e faz parte do contexto em que vivemos aqui. Durante a crise do coronavírus, muitos investidores ao redor do mundo foram pegos desprevenidos. Muitos deles foram alavancados e, por consequência, se viram na posição de ter que sacrificar seus investimentos mais seguros, como o ouro, com o objetivo de cobrir as perdas decorrentes da eclosão da crise. Por diversos motivos, durante crises, a tendência dos investidores é a de venda, por isso a correlação dos ativos tende a 1. Se está todo o mundo vendendo e poucos comprando, é natural que os ativos caiam de forma geral.

Ray Dalio é um gênio e ele não estava errado. Mas mesmo assim, perdeu dinheiro. Todo o mundo perde. Eu, inclusive, ainda creio que ele estava, ou ainda está, certo no cenário em que vinha apostando. Mas fato é que ninguém, nem mesmo ele, está imune ao risco de perder dinheiro ou de errar. E principalmente, ninguém está imune a um risco sistêmico.

É preciso saber perder. Mais cedo ou mais tarde, isso acontecerá. Se você entrou na brincadeira, tem que saber brincar. E mesmo você tendo uma carteira defensiva, perder menos que as outras pessoas não deixa de ser uma perda. Aprenda a lidar com isso da melhor maneira possível.

QUEM VOCÊ QUER SER?

No primeiro ano do ensino médio, quando eu tinha entre 15 e 16 anos, precisei apresentar um trabalho de Geografia no teatro do colégio, onde havia um palco e diversas poltronas dessas tradicionais de teatros e cinemas. Salvo engano, o trabalho era sobre fontes de energia limpa, e meu grupo escolheu o gás natural. O objetivo era elaborar um projeto sobre o tema, e me passaram a parte dos números para a apresentação.

Eu escrevi um texto com uns vinte dados sobre o gás natural. Todos os números que encontrei, escrevi no meio de um texto contextualizado. Foram apenas duas páginas, nada muito grande, mas com muitos números, e acho que os li umas cem vezes antes de ir para apresentação.

No dia, falei todos os números, sem me esquecer de nenhum. Ninguém acreditou que eu estava falando sério e acharam que eu havia inventado tudo para me parecer com nosso professor de Geografia, que chamaremos de Naldo. Esse professor era impressionante, sabia inúmeros dados e informações de cabeça, e eu ficava fascinado, sem entender como era possível ele saber aquilo tudo. Obviamente, cogitei que Naldo poderia inventar o que ele dizia, mas ao conferir no Google tudo o que ele falava, percebi que simplesmente não errava uma.

Nesse momento, eu já havia investido em minha primeira ação e estava entendendo o que eram os múltiplos das ações. Abandonei por completo o entendimento e decorei os múltiplos de diversas ações que eu acompanhava. Não sabia o que era esse tal de VPA, mas eu te falaria qual era o VPA de umas quinze empresas. Se voltasse no tempo, eu preferiria aprender o que cada múltiplo representava, em vez de decorá-los.

Mas fato é que, no dia da apresentação sobre gás natural, falei todos os números corretos e mostrei a folha em que havia escrito os números, para provar que eram verdadeiros. Não adiantou muito, porque ninguém que estava falando que eu os havia inventado se lembrava dos números que eu havia dito.

O tempo passou, e recebi o convite para retomar para o mesmo palco, no mesmo teatro, mas desta vez para falar sobre os motivos que me fizeram passar em terceiro lugar em uma faculdade antes de me formar. Eu não me preparei, e ao chegar ao teatro, vi muito mais pessoas do que no dia da apresentação sobre gás natural. Muito mais mesmo! Estava lotado! Estavam lá todas as turmas do primeiro e do segundo ano do ensino médio, mais alguns anos do ensino fundamental.

Chegou minha vez de falar para aquele mar de pessoas, subi acanhado ao palco e disse: "Eu sou o Gustavo... errrr... Eu acho que vocês têm que estudar." E travei. Eu não tinha mais nada para falar e não fazia a mínima ideia do que deveria dizer, então completei: "Mas estudem bastante mesmo." E logo em seguida, terminei essa pífia apresentação. Era nítida na cara dos alunos a constatação: "Eu pensei que estavam trazendo pessoas inteligentes para falar pra gente."

Disso eu tirei algumas lições.

1. Eu preciso me preparar sempre. Não sou o melhor orador de todos, que fala sem problema nenhum para uma multidão. Não nasci com esse dom, mas se eu me preparar, consigo fazer um bom trabalho.

2. O nosso contexto influencia muito em quem a gente é. Eu via meu professor de Geografia no primeiro ano com aquele tanto de dado na ponta língua e ficava encantando com o tanto de conhecimento que ele tinha. Isso, sem dúvida nenhuma, me fez ir atrás de fazer parecido e dar meu melhor. Procure estar sempre rodeado de pessoas que você admira, pois isso refletirá em você.

Leve essas duas ideias com você para todas a áreas de sua vida, inclusive para seus investimentos.

A ARROGÂNCIA

Por investir desde novo, muitas pessoas sempre me associavam instantaneamente à Bolsa de Valores. Em um determinado ano, no colégio, um professor, sempre quando me via, falava: "Olha o da Bolsa aí." Faz um bom tempo que é assim, e por isso muitas pessoas sempre me perguntaram sobre *O Primo Rico*, um fenômeno da internet que crescia de modo exponencial nas redes sob o comando de Thiago Nigro, explicando aos seus seguidores sobre investimentos e finanças pessoais.

Minha resposta sempre foi muito arrogante quando as pessoas me perguntavam sobre ele. Eu sempre respondia algo como "ah, ele só fala as mesmas coisas!", "não agrega quase nada", às vezes mostrando minha arrogância de modo bem explícito: "Acho que esse aí não entende muita coisa."

Acredito que eu não era o público dele à época e por isso me sentia no direito de questionar o conteúdo que ele produzia, que, por sinal, ajudava milhares e milhares de pessoas a mudar para melhor seus hábitos financeiros. Poupar, para mim, nunca havia sido um problema. Sempre gostei de ter a possibilidade de fazer dinheiro virar mais dinheiro, mas o tempo passa e você percebe que nem todo o mundo é assim, e um cara como o Thiago pode mudar a vida de uma pessoa.

Engraçado como as coisas mudam, e hoje minha percepção sobre ele mudou radicalmente. Eu criticava, mas no fundo sempre valorizei o que ele fazia, porque, na verdade, é o que eu também sempre fiz. A diferença é que ele fez melhor e com escala, por isso chegou aonde chegou.

Ele ganhou milhões de reais por agregar muito conhecimento para as pessoas. E mesmo assim, entregou muito mais do que recebeu. O produto social gerado pelo Thiago Nigro é absurdamente positivo. Ele basicamente encontrou uma maneira exponencial de entregar valor para as pessoas e, por isso, recebeu uma pequena parte de volta. Sim, ele é multimilionário, mas gerou muito mais valor do que recebeu. Inclusive, essa é uma característica comum de pessoas que produzem e agregam. Temos um caminho muito longo até conseguir fazer com que essa ideia entre na mentalidade do brasileiro. Ganhar dinheiro não é problema. Se feito de forma honesta, deve ser exaltado, e não questionado.

Já parou para pensar quantas vidas foram mudadas pelo trabalho do Thiago? O quanto o mercado de capitais se desenvolveu com sua ajuda? É quase que incalculável! Contudo, lá estava eu, cercado de toda minha arrogância, criticando-o.

O tempo passou, e, ironicamente, fui fazer vídeos para o YouTube. A ficha, que já me havia caído, caiu ainda mais quando percebi o tanto que é difícil explicar/ensinar, e essa é uma arte que o Primo Rico domina.

A lição que eu tiro disso tudo é a de que você nunca deve apontar o dedo para quem faz um trabalho bem feito e ganha por isso. Muito provavelmente essa pessoa só ganha uma fração do que ela gera de valor para a sociedade.

Como já foi discutido em algumas cartas anteriormente, quando achamos que alguém é irrelevante ou ignorante, muito provavelmente o ignorante é você. Todo o mundo tem alguma coisa para te ensinar, e falar que um conteúdo não te acrescenta nada é o ápice da arrogância. Como disse o escritor Ralph Waldo Emerson, "Todo homem que conheço é meu mestre em algum momento, e assim aprendo com ele".

Por fim, nunca, nunca mesmo aponte o dedo para alguém que chegou aonde você quer chegar. Isso é o pior que você pode fazer em sua vida. É uma mistura de arrogância com inveja, que fará você ficar estagnado.

BOLSA É CASSINO?

A Bolsa de Valores sempre foi vista como algo meio obscuro na sociedade. Muitos ainda acreditam que a Bolsa é um ambiente exclusivo para ricos. Outros compreendem um pouco mais o funcionamento, mas não a ponto de entender que a Bolsa de Valores **não é cassino**.

Eu não consigo compreender, em específico, essa última concepção. Já tentei olhar para essa afirmação com diversas perspectivas diferentes. Já me esforcei para adentrar a mentalidade de alguém que se frustrou em um investimento ou que tenha preconceito contra a Bolsa de Valores sem nem mesmo ter investido. A única conclusão a que cheguei foi: como é possível alguém fazer qualquer tipo de paralelo entre jogos de azar e a compra de participação em empresas?

Por isso nunca consegui entender essa mentalidade de simplificar a Bolsa de Valores a tal ponto em que diversas pessoas, com diversas mentalidades, negociando produtos totalmente diferentes e de formas também totalmente diferentes, são colocadas no mesmo pote de "apostadores", em uma generalização pouco racional. A grande maioria dos investidores está simplesmente adquirindo participações em empresas.

Entretanto, depois de pensar bastante, cheguei a algumas hipóteses para quem faz a comparação entre cassino e Bolsa. A primeira é uma pessoa que não consegue fazer uma autocrítica suficientemente boa em relação a seus fracassos e recorre à saída que é sempre a mais cômoda: colocar a culpa no sistema ou em alguém e se ausentar de qualquer responsabilidade.

Você acreditaria em alguém que lhe diz ser impossível tocar violão porque tal pessoa não conseguiu? Eu mesmo já tentei e percebi, depois de um bom tempo, que não era para mim. Mas nem por isso acho que seja impossível tocar violão e já vi milhares de pessoas sendo bem-sucedidas nessa tarefa. Pois o mesmo vale para a Bolsa. Assim como você já viu diversas pessoas aprenderem a tocar violão e se tornarem boas nisso, deve também entender que existem diversas pessoas que compreenderam o que realmente é a Bolsa de Valores e investem com sucesso há anos.

A outra hipótese que formulei é a ignorância. A ignorância não é nenhum xingamento, é simplesmente a falta de conhecimento específico sobre o tema. A presença do conhecimento, aliado a um mínimo de bom senso, controle emocional e compreensão de si mesmo, já é o suficiente para a obtenção de bons resultados em seus investimentos, seja na Bolsa de Valores, seja em sua vida pessoal.

Se você conseguir entender minimamente a Bolsa de Valores, chegará à conclusão de que todos os pontos de que falei anteriormente, sobre o fato de que tentam generalizar e colocar todos os investidores no mesmo grupo de apostadores, nada mais são do que falácias. E como toda "boa" falácia, circulam entre a população de forma avassaladora.

Por fim, pense comigo: se a Bolsa de Valores fosse um cassino, Charlie Munger daria todos os sinais de entrada e Warren Buffett seria o contador de cartas.

CAUSA E CONSEQUÊNCIA OU CONSEQUÊNCIA E CAUSA?

Na maioria das vezes, as pessoas costumam olhar o mundo por uma perspectiva errada. Veja o seguinte exemplo: suponha que alguém te pergunte qual a probabilidade de que, ao jogar uma maçã pela janela, esta caia no chão? Graças à gravidade, a resposta é bem simples. A probabilidade é de 100%.

Entretanto, isso não agrega nada. Talvez a pergunta mais interessante seria: se eu encontrar uma maça no chão, qual é a probabilidade de alguém tê-la jogado pela janela? A pergunta fica mais interessante. Alguém pode ter deixado cair de sua mochila, um vendedor de maçãs pode tê-la deixado cair de seu carrinho, ou ela pode ter sido jogada por um motorista.

O mundo está acostumado a pensar em um fluxo de causa para efeito. Uma pergunta que tem a direção contrária desse fluxo de pensamento comum é muito mais útil no nosso dia a dia e em nossos investimentos.

A pergunta "dado tal efeito, qual foi sua causa?" é muito mais útil do que a pergunta "observada uma causa, qual será o efeito?"

Se você jogou a maça pela janela (causa), já sabe que ela caiu no chão (consequência). Entretanto, se você encontrou uma maçã no chão, ela pode ter chegado ali de inúmeras formas diferentes. Começar da consequência faz mais sentido, pois te dá uma resposta que te ajuda a entender melhor as chances de um evento acontecer.

A Teoria de Bayes resolve justamente esse problema. Ela busca responder qual a probabilidade de um evento ocorrer, dado que outro evento já aconteceu anteriormente. Concorda que a maçã já está no chão? (Consequência: já tenho a resposta). Como ela foi parar ali? (Causa: não tenho a resposta). Como eu faria para formalizar essa dúvida e responder a essa pergunta?

Essa é a ideia básica, e a forma estruturada da resposta vem pela Teoria de Bayes. Suponha que eu joguei uma moeda para o alto duas vezes e conto que em uma vez deu cara e omito o que aconteceu no outro lançamento. Qual a probabilidade de nas duas vezes ter dado cara?

Para tal, temos uma fórmula: $P(A/B) = P(B/A) * P(A) / P(B)$

Sendo:

P(A/B) a probabilidade de um determinado evento A ocorrer, dado que o evento B já aconteceu.

P(B/A) a probabilidade de o evento B ocorrer, dado que o evento A já aconteceu.

P(A) a probabilidade de o evento A acontecer.

P(B) a probabilidade de o evento B acontecer.

Se P(A) for a probabilidade de nas duas vezes a moeda ter dado cara, e P(B) for a probabilidade de em apenas uma das vezes a moeda ter dado cara, e assumindo que a chance de cair tanto cara quanto coroa seja de 50%, a conta está pronta.

P(A) = 0,25, ou 1/4 (jogando as moedas duas vezes, você tem apenas quatro combinações possíveis, sendo uma delas as duas dando cara, que é a desejada na questão).

P(B) = 0,75, ou 3/4 (o restante das possibilidades).

P(B/A) = 1 (a probabilidade de que uma das moedas dê cara, dado que os dois lançamentos deram cara, é de 100%, ou 1).

No teorema:

A probabilidade de dar cara duas vezes, dado que uma das vezes já deu cara, é = 1 * 0,25/0,75 = 0,33, ou 33%.

O setor farmacêutico é outro caso típico da aplicação desse teorema. Se eu tenho um teste de gravidez, por exemplo, com 95% de eficácia, e sabendo que apenas 0,2% das pessoas estão grávidas, caso eu selecione um indivíduo aleatoriamente e ele teste positivo, qual a probabilidade de essa pessoa realmente estar grávida?

A conta é simples:

Probabilidade de a pessoa realmente estar grávida = eficácia do teste X probabilidade de a pessoa estar grávida / probabilidade de o teste dar positivo + probabilidade de o teste falhar e dar um falso positivo.

Probabilidade de a pessoa realmente estar grávida = 0,95 X 0,002 / 0,95 x 0,002 + 0,05 X 0,998 = 0,0366, ou 3,6%.

CAUSA E CONSEQUÊNCIA OU CONSEQUÊNCIA E CAUSA?

Isso quer dizer que, se você fizer o teste de gravidez em toda a população, incluindo homens, apenas 3,6% dos exames que apontam para a gravidez realmente serão diagnósticos corretos. Ou seja, mesmo que o exame com a eficácia de 95%, aponte que uma pessoa escolhida aleatoriamente está grávida, as chances de que ela realmente esteja grávida é baixíssima. Obviamente, quanto mais afunilarmos o perfil do teste, mais preciso ele será. Contudo, em uma população sem excluir nenhum indivíduo, o diagnóstico poderia dar positivo em um homem ou em uma idosa, ou seja, seria um resultado muito pouco confiável.

Isso mostra a importância da probabilidade condicional, que é, em suma, a probabilidade *a posteriori*, ou seja, a probabilidade de que algo aconteça, dado que um evento já aconteceu anteriormente. No último caso, uma pergunta comum seria: dado que o teste de gravidez tem uma eficácia de 95%, por que, segundo o teorema, ele é pouco confiável?

A pergunta inicial foi condicionada ao teste ter dado positivo, e, apesar da ilusória eficácia, o número de pessoas não grávidas em toda a população é imensamente maior do que o número de pessoas grávidas. Isso faz com que a "não eficácia" de 5% se traduza em um número muito grande de erros perante a escolha aleatória da amostragem, que, no caso, seria toda a população.

Conclusão

Eu não sou muito fã das explicações matemáticas, pois acredito que é mais simples explicar a conclusão do que demonstrá-la matematicamente. Além disso, muitos dos leitores não vão querer perder seu tempo tentando entender contas. Contudo, desta vez não encontrei escapatória, pois acredito que essa seja a maneira mais fácil de explicar essa teoria.

Em resumo, a Teoria de Bayes busca, pelo ponto de vista da consequência, entender a causa. Entender a causa de um evento abre novas possibilidades e aumenta seu campo de visão, uma vez que quase todas as informações a que temos acesso no nosso dia a dia são consequências, e não causas. Então, diante de tantos dados e informações a que temos acesso, a melhor decisão que podemos tomar é fazer uma seleção para buscar deduzir as causas ou, ao menos, estimar suas probabilidades.

Isso está intrinsecamente relacionado com investimentos. A todo momento somos bombardeados com notícias do tipo "Magazine Luiza subiu X% nos últimos 3 anos", e o pensamento costuma sempre ser *a priori*: "E se eu investir em Magazine Luiza?" Mas deveria ser *a posteriori* ou condicionada: "Dado que uma empresa é bem gerida, qual a probabilidade de ela entregar um bom retorno para seus acionistas?" Ou: "Dado que uma empresa está em um segmento próspero, qual a probabilidade de ela entregar um bom retorno para seus acionistas?" Segundo a fórmula da teoria, quanto maior for sua precisão em determinar esses fatores e quanto maior for seu estudo e conhecimento sobre as empresas, maior a probabilidade de aumentar seu retorno.

Esse *modus operandi* da nossa sociedade, de pensar no fluxo de causa e consequência, é uma questão evolutiva. É mais prático pensar na consequência da causa do que nas possíveis causas da consequência, pois estamos adaptados a pensar dessa forma. Por exemplo, é inerente ao ser humano entender o funcionamento da gravidade. Eu sei que se pular, em alguns segundos estarei no solo novamente. Se a maçã está no chão, eu a pego e me alimento. Não quero saber de onde ela veio, já que seria uma perda de tempo pensar nisso. Existem diversas possibilidades que fazem com que esse evento ocorra (apesar de que é muito fácil compreender que, se eu jogar uma maçã de cima de uma árvore, ela cairá). Na evolução, fomos progressivamente ficando mais adaptados para sobreviver do que qualquer outra coisa. A partir do momento em que o ser humano conseguiu resolver questões básicas, como alimentação mais segura, e se fixar em um lugar, o "porquê" passou a ser mais frequente, e as probabilidades e os condicionamentos passaram a entrar na jogada, mas do ponto de vista histórico, isso começou recentemente.

Vai aqui outro exemplo aplicado: se surgiu uma boa notícia para uma empresa, é fácil falar que a ação subirá. A partir daí, não é muito difícil para o investidor fazer um aporte devido a uma notícia (que costuma já estar no preço da ação). Esse é um erro de muitos investidores. Mas como você se antecipa às boas notícias?

Acredito que a Teoria de Bayes é a mais correta para olharmos a Bolsa de Valores. Então, sobre essa perspectiva, quais são as características que fazem uma ação se valorizar tanto ao longo do tempo? E como se antecipar às boas notícias?

Creio que pouco me interessa saber quanto as ações se valorizaram e quais são elas, mas sim as diversas causas que levaram a essa valorização. Essa é uma das maiores reflexões diárias que tenho. Obviamente, não existe uma resposta mágica. Os fatores que mais aumentam sua probabilidade de sucesso é acertar na análise de uma empresa e escolher uma ação de uma companhia com uma boa gestão, um bom negócio que tem em seu histórico entrega de resultados consistentes, em um setor com certa previsibilidade, com boas barreiras de entrada e um bom preço de aquisição. Se possível, todas elas.

POSSIBILIDADE

Eu sempre acreditei que todo o mundo tem ao menos uma ideia no decorrer da vida que pode mudar positivamente seu futuro. No caso do fundador da Nike, Phil Knight, ele chamou isso de "ideia maluca" em sua autobiografia. A "ideia", nesse contexto, é um conceito geral. Pode ser a criação de um empreendimento, como foi para Knight. Pode também ser um plano, como seguir carreira como executivo ou até mesmo se tornar um grande investidor.

Entretanto, uma ideia não vale nada. Ela precisa, primordialmente, de duas coisas para sair de sua cabeça e ir para a realidade: possibilidade e execução.

Possibilidade é algo totalmente diferente de oportunidade. Acredito que oportunidades são essencialmente criadas pelo indivíduo. A possibilidade não.

A possibilidade é algo mais complexo.

A meritocracia é um dos conceitos mais importantes para seguirmos, como humanidade, em um caminho próspero. Talvez seja a maior fonte de geração de valor e inovação. Apenas uma sociedade que premia o esforço é capaz de avançar tecnologicamente, socialmente e de gerar valor.

Contudo, muitas pessoas não entendem esse conceito. Meritocracia nada tem a ver com o número de televisões na casa de ninguém. Meritocracia começa fundamentalmente no ato de poder. A base da meritocracia é ter acesso às condições básicas de começo, por isso valorizo muito o conceito da "igualdade de partida", de Jordan Peterson, onde criamos as bases para que os indivíduos tenham a possibilidade e que, como consequência, a sociedade extrairia o melhor de cada pessoa. Essa ideia faz mais sentido e entrega a possibilidade de fazer o pouco/básico virar muito por meio de entrega de resultados. Quem entrega melhores resultados deve ter maiores recompensas. Isso é o que Peterson chama de hierarquia de competência, que é a mais óbvia e eficaz hierarquia a ser adotada. Se você tem que passar por uma cirurgia, procura um bom cirurgião, e só há um jeito de saber se ele é realmente bom: pela hierarquia de competência. Não existe igualdade de competência. Quem, em sã consciência, acredita que todos os médicos são igualmente competentes? Ninguém. Então por que eles deveriam ter a mesma recompensa? Não deveriam. O que realmente deve existir são as bases para que as pessoas consigam encontrar o segmento em que maximizariam suas habilidades.

E a meritocracia não é um conceito universal simplesmente porque muitas pessoas não podem. Um de meus maiores objetivos na vida é trazer possibilidades a mais pessoas. Naturalmente, umas se destacarão mais que as outras, é normal. Algumas não serão competentes no caminho que escolheram seguir e terão que se reinventar e descobrir outro caminho, mais condizente com suas habilidades. Mas todas devem ter acesso às possibilidades. Inclusive, Bill Gates já falou que não existiria a Microsoft se ele não tivesse ido à escola Lakeside, onde conheceu seu sócio e cofundador da Microsoft, Paul Allen. Warren Buffett foi além e disse que, se ele tivesse nascido em outro país que não os Estados Unidos, não teria se tornado quem ele se tornou.

Dessa forma, a conclusão é a de que é preciso poder. Mas mesmo para os que podem, ainda existem dois grupos. Para uns, é mais fácil chegar até a oportunidade, para outros é mais difícil. Mas é possível. A impossibilidade é que te tira qualquer chance.

Prova dessa diferença é que, quando você se depara com alguém falando que não teve oportunidade, ele muito provavelmente teve a possibilidade, mas não foi bem-sucedido em seguir tal oportunidade.

Seguramente este texto só chegará às pessoas que têm a possibilidade de ir atrás da oportunidade. Então seguimos para o próximo tema.

A execução elimina a grande parte das pessoas que tiveram a possibilidade de mudar seu futuro. A execução pode falhar por vários motivos, mas, na grande maioria das vezes, falha por nem sequer ter começado.

Outras vezes, falha pela falta de persistência.

Entretanto, salvo raras exceções, a execução não falha por um erro. Se você começar a executar e persistir, falhar não será um erro, e sim uma consequência. Quem continua e entende que errar faz parte do caminho eventualmente prosperará, então o erro não prejudica a execução, é parte dela. Cabe a você saber lidar com ele quando acontecer e ter o mérito de errar menos.

Então, mesmo se eu estiver certo em minha hipótese de que, durante a vida, todo o mundo tem uma ideia que mudará positivamente sua trajetória e maximizará o retorno de suas habilidades, ela não bastará. Será preciso começar a executar e persistir. Essa ideia pode ainda estar errada, mas quem começa e persiste faz duas coisas acontecerem: aumenta as chances de sua ideia atual funcionar e aumenta a probabilidade de fazer outras ideias funcionarem.

POSSIBILIDADE 195

O que penso, no final das contas, é que o caminho para o sucesso é um funil. Começa com todos que têm possibilidades, passa por aqueles que começam a executar, encontra os que persistem e termina nos que sabem lidar com erros e corrigi-los.

O mesmo vale para a Bolsa de Valores. Poucos se tornarão bons investidores porque poucos começam (1% das pessoas no Brasil), alguns começam e desistem rapidamente, alegando que a Bolsa é "cassino", outros não aceitam que erraram em algumas tomadas de decisão, e por fim há os poucos bons investidores que passaram por tudo isso acumulando conhecimento.

Se você tem a possibilidade, pode escolher quem você será.

TRABALHADORES E PREGUIÇOSOS

> *"O cínico é um homem que sabe o preço de tudo, mas não sabe o valor de nada."*
>
> *Oscar Wilde*

Contarei uma história para vocês. Era uma vez um homem trabalhador e um homem preguiçoso. O homem trabalhador viveu uma vida ocupada, gerou valor e enriqueceu. O preguiçoso sempre questionou o sucesso alheio, nunca quis se esforçar para adquirir novos conhecimentos e, consequentemente, nunca evoluiu financeiramente. Apesar de já estar resumida, a síntese da história é a seguinte: quanto mais você trabalha, maiores as chances de você enriquecer. Quanto mais preguiçoso você é, maiores as chances de você não enriquecer.

Isso me remete a uma célebre pergunta que é uma das que mais recebo: "Gustavo, o que você acha de começar a investir na Bolsa via ETFs?" A resposta, invariavelmente, é a mesma. Investir em ETFs é uma ótima maneira de o investidor iniciante, ainda com pouco capital, começar seus investimentos tendo a possibilidade de diversificar sua carteira de ações com um custo baixíssimo. É uma boa porta de entrada.

Mas acredito que isso não te fará um investidor bem-sucedido. Apesar de ser um ótimo primeiro passo, continua sendo apenas o primeiro passo. O trabalhador sempre vai atrás de novas informações e nunca abdica do estudo. O preguiçoso pode até dar o primeiro passo, mas fica confortável no lugar em que está.

Tudo bem, não é surpresa para ninguém a existência de preguiçosos. Muitos deles sabem de seus defeitos e até vivem uma boa vida utilizando a lei do menor esforço em situações que claramente requerem muito empenho.

O problema dessa história de preguiçosos *versus* trabalhadores não são os extremos, e sim os que se encontram no meio do caminho. É aí que realmente moram o maior perigo e as maiores perdas financeiras.

O preguiçoso assumido sabe que o ideal é se manter nos ETFs. Não restam dúvidas, para ele, de que esse negócio de entender cada empresa antes de investir é uma baita dificuldade, e ele não quer correr atrás disso. Apesar de toda sua preguiça, é uma pessoa coerente.

Agora, os preguiçosos que querem dar o segundo passo e começar a escolher suas próprias ações sem assumir que são preguiçosos têm suas chances de fracasso aumentadas consideravelmente. Normalmente, são essas pessoas que sabem o preço de todas as ações no mercado, o *ticker* de todas as empresas listadas, mas não sabem o valor de nenhuma companhia.

É mais fácil decorar preços do que estudar a empresa e chegar a valores justos. E nesse movimento, os preguiçosos vão escondendo sua preguiça ao decorar cotações.

Dito isso, seus investimentos seguem a mesma lei universal que rege seu ambiente profissional, a relação com sua família e com seus amigos: quanto mais esforço e trabalho, maiores são suas chances de sucesso. Por algum motivo, as pessoas acham que essa regra não se aplica ao mercado. Estão enganadas. Portanto, se for para ser preguiçoso, seja um assumido.

VENDO NOTAS DE R$10 POR R$5

Quem nunca ouviu a frase "*Value Investing* é comprar uma nota de R$10 por R$5"? É um clichê correto, mas eu gostaria de colocar um adendo muito importante nessa ideia.

Há outra frase, que é: "Não caia em *Value Traps.*" Essa é menos clichê, e por isso, vamos adentrá-la.

As armadilhas de valor estão por todos os lados. Vira e mexe, alguém conversa comigo e fala: "Você viu aquela empresa? Tá baratíssima! P/L de 4!"

Nesses momentos a gente pode ter uma *Value Trap* em potencial, e a pergunta que deve ser feita é: por que essa empresa está negociando a quatro vezes os lucros? A resposta pode variar muito.

A empresa pode ter tido erros de governança que fizeram o mercado perder a confiança nela. São diversos os casos de falta de transparência, mentiras, promessas não cumpridas e desvalorização do acionista minoritário que fizeram com que a diretoria e os controladores perdessem a confiança dos investidores.

É possível também que um resultado atípico, com não recorrentes, tenha de fato aumentado os lucros de forma temporária e pouco sustentável. Se, por exemplo, uma companhia vende um imóvel, isso entra como receita financeira para ela, que é apurada separadamente do operacional. Todavia, essa venda pode inflar os lucros de uma companhia em um determinado período.

Outro fator a ser observado é o setor em que a empresa está inserida. Às vezes a concorrência faz com que as margens sejam diminuídas e até mesmo coloquem "em xeque" a operação da companhia. Esse é o caso da Cielo, que, com a entrada de novos concorrentes e mudanças no setor, tem seu futuro incerto e negocia a múltiplos muito baixos historicamente.

A Cielo já foi uma das empresas mais admiradas pelo mercado. Surgiu lá atrás, quando o Banco Central barrou a exclusividade de maquininhas para certas bandeiras. A Visanet, que tinha exclusividade no processamento da bandeira Visa, passou a se chamar Cielo, e a Redecard, que tinha exclusividade no processamento da bandeira Mastercard, passou a se chamar Rede. Após essa medida do Banco Central, em um primeiro momento, as ações da Rede e da Cielo sofreram bastante com o temor de novos entrantes. Contudo, o mercado pareceu ter melhorado para essas companhias, e a Rede foi comprada pelo Itaú, que fechou o capital da adquirente. Já a Cielo se tornou uma das queridinhas do mercado e chegou a ter R$80 bilhões em valor de mercado.

Novas tecnologias e a concorrência vieram mais tarde, e hoje a empresa passa por dificuldades estruturais no mercado em que atua. Muitas pessoas alegam, talvez de maneira até simplista, que a Cielo estar negociando a dez vezes o lucro é uma pechincha.

Por essas e outras, digo que, de tempos em tempos, algumas ações chamam muita atenção pelos seus preços aparentemente muito baratos e que até parecem não fazer muito sentido. É às vezes não fazem mesmo.

Relatei aqui alguns dos possíveis fatores que colocam uma empresa em uma posição em que é negociada com múltiplos baixíssimos, mas que nem por isso as tornam baratas automaticamente. Pelo contrário, os motivos muitas vezes explicam bem os preços aparentemente "muito baixos".

Às vezes é melhor optar por encontrar uma nota de R$10 mais inteira e conservada sendo negociada por R$7 do que pagar R$5 em uma nota de R$10 que está rasgada e remendada com um durex quase imperceptível.

TWITTER E MARGEM DE SEGURANÇA

O ódio nas redes sociais definitivamente está ultrapassando todos os limites do aceitável. É impressionante a quantidade de pessoas que, ao verem algo de que discordam, só enxergam uma saída: partir para a agressão.

O diálogo foi esquecido. É sempre a mesma coisa. Os extremos tomam conta, ao passo que ninguém se interessa verdadeiramente em expor (no sentido amplo, se sujeitando às críticas) sua visão, e muito menos em aprender e ensinar.

O pensamento que parece ser preponderante é: "Por que vou dialogar, ensinar, aprender, compartilhar, agregar, propor uma discussão saudável, se posso simplesmente agredir?"

Esse é o *modus operandi*, mesmo que subconsciente, de grande parte dos internautas (estou ficando velho mesmo. I n t e r n a u t a s). É essa ideia que leva ao ódio, e ela, na minha percepção, é decorrente de dois grandes fatores.

O primeiro e mais importante: as pessoas acham que sabem de tudo. Seja pela polarização que a política cria, seja pela falta de educação coletiva, seja pelo que for, as pessoas acham que sabem tudo. E no final, isso acaba por ser cômico. Qualquer um que realmente é interessado e quer aprender durante a vida entende que não sabe nada. É impressionante como qualquer pessoa verdadeiramente estudiosa e sensata com quem você se senta para conversar é cheia de incertezas.

Não, não é coincidência. Quanto mais você sabe, menos certezas você tem. Talvez seja desse sentimento de impotência perante o todo que venha a célebre frase "a ignorância é uma benção". Não acho que seja, mas de qualquer forma, o discurso de agressão que visa mudar uma opinião não é apenas ignorante; é bem similar a um discurso ditatorial. Afinal, ou você defende o diálogo, em que todos têm o direito de se expressar, ou opta pelo discurso agressivo em prol de uma mudança que nem sequer foi discutida em sociedade.

O segundo grande motivo para esse fenômeno nas redes sociais: carência. As pessoas simplesmente não conseguem ver alguém discordando delas. Todo o mudo tem opiniões distintas, ninguém pensa igual, mas muitos, insistentemente, tentam mudar a opinião alheia e fazem de tudo para chegar a tal objetivo. Cadê o bom e velho "concordamos em discordar"? Parece que sumiu. O novo lema "democrático" é: "Se não concordar, vou agredir."

Serei sincero: vira e mexe, vejo na internet coisas com as quais não concordo, e até mesmo que simplesmente estão erradas por definição, como "a Terra é plana". Isso foge um pouco do campo da mera opinião, mesmo assim, nada justifica a agressão livre. Ensine, ouça, explique, e se chegar no seu limite, seja irônico. Mas se o sujeito continuar achando que a Terra é plana, concorde em discordar. Isso não serve apenas para as redes sociais, esse é um lema para a vida.

Te garanto que, seguindo esses passos, você chegou mais perto de explicar para a pessoa o porquê de a Terra não ser plana do que alguém que já começou xingando. O ódio nunca mudou a opinião de ninguém. Ódio só gera ódio.

E é esse discurso que vejo em muitas pessoas nas redes sociais que me faz lembrar da certeza que alguns investidores têm de suas posições.

Investidores não devem ter certezas. Eles devem analisar as chances de estarem certos e as chances de estarem errados. E algumas coisas aumentam suas chances de estarem certos: investir em negócios com bons históricos, investir em empresas com uma gestão transparente, investir em negócios com boas perspectivas futuras no seu setor e, especialmente, investir em boas empresas com certa margem de segurança.

Quando me perguntam o que é margem de segurança, costumo responder que é um ótimo seguro para aquilo que você não sabe. Se você acha que uma ação tem o valor justo de R$20, muito provavelmente está levando em conta todas as informações disponíveis para você. Entretanto, isso não é tudo, você não sabe de tudo, ninguém sabe. Na verdade, estamos muito mais perto de não sabermos de nada do que de sabermos de tudo.

Então, para chegar em um preço que leva em conta isso, você diminui algumas de suas projeções para algo abaixo daquilo que você realmente acha que acontecerá, assim você pode calcular o preço justo com uma boa margem de segurança. Isso acabará te protegendo de algo inerente ao ser humano: não saber de tudo. E vamos além: existem algumas coisas que simplesmente não são possíveis de saber, e mesmo se forem, é algo muito difícil de ser descoberto. Um dos exemplos mais interessantes para realmente fixar a ideia de que não sabemos de tudo é o famoso caso da Enron. A empresa era considerada como uma das dez maiores companhias dos Estados Unidos e uma das maiores do mundo no ramo de energia, até que um grande escândalo aconteceu após descobrirem diversas fraudes contábeis que inflavam os números nos balanços divulgados aos investidores. Após todo o processo, muitos investidores que tinham a certeza de estarem fazendo um investimento certeiro em uma das maiores empresas norte-americanas e em um setor com certa previsibilidade perderam todo o dinheiro que tinham em ações da empresa. Além disso, vários executivos foram presos, e milhares de funcionários perderam dinheiro (que estava no fundo de pensão) e seus empregos. E aí vem a pergunta: aquele era um mal investimento? A julgar pelos números divulgados, dificilmente as ações da Eron eram um investimento ruim. Todavia, existem fatos, informações e dados que não são possíveis de prever, e acredito que esse exemplo ilustra bem isso.

Realmente, utilizar a margem de segurança em seus investimentos pode não te proteger 100% dessas grandes fraudes, mas com certeza diminui as chances de erro por parte do investidor. No final das contas, assim como a pessoa que "xinga muito no Twitter", quem tem amor e certeza extrema em uma ação também dirige uma agressão, não a um internauta, mas sim a seu próprio patrimônio.

A ÚLTIMA LIÇÃO, DOM QUIXOTE E A CONFUSÃO

Em algum momento na sua trajetória como investidor você se deparará com uma tentação à qual terá que resistir. O nome dela é alavancagem. Alavancagem nada mais é do que o ato de pegar dinheiro emprestado com o intuito de aumentar seus retornos. Você pode se alavancar apostando na alta ou na baixa de uma ação, por exemplo, e caso você esteja certo, ganhará mais dinheiro do que ganharia se não estivesse alavancado. Por isso, esse processo é muito tentador, principalmente para quem está muito convicto de um acontecimento futuro. Mas, como fiz questão de deixar claro ao longo de todas as cartas, isso é uma completa utopia. Não existe certeza sobre o futuro.

Partindo do pressuposto básico de que não sabemos o que acontecerá, a alavancagem é sua pior inimiga. É ela que pode te tirar do jogo e acabar com seus objetivos, que, inicialmente, foram o que te levou a investir. A alavancagem tem o potencial de te fazer perder tudo e mais um pouco. Isso já aconteceu diversas vezes com profissionais, estatísticos e grandes investidores que tentaram desenvolver métodos de alavancagem que fossem seguros. Obviamente, também não deu certo. Não existe fórmula mágica. Portanto, a única alavancagem segura é não se alavancar.

Não se apoie em grandes histórias de investidores que se alavancaram e fizeram riqueza. Para cada investidor, como Bill Ackman em sua aposta contra a MBIA, por exemplo, empresa de seguros de títulos municipais, que lhe rendeu bilhões de dólares, existem milhares de outros investidores que perdem tudo no processo de alavancagem. Sem contar que a profissão de Ackman é justamente procurar por empresas muito caras ou muito baratas para tentar tirar vantagem dessas distorções. Ele vive para isso e, mesmo assim, também já cometeu alguns erros emblemáticos, como sua aposta contra as ações da Herbalife. Mesmo um dos investidores mais geniais da atualidade já cometeu alguns grandes erros no processo de alavancagem que prejudicaram, e muito, seu fundo. Agora imagine um indivíduo que trabalha o dia todo em uma profissão que nada tem a ver com mercado financeiro! E mesmo imaginando uma pessoa que vive de investimentos, quais são as chances de ela ter a mesma capacidade de discernimento que Bill Ackman? Baixas.

Portanto, querer imitar as grandes empreitadas de Bill Ackman é como o famoso trecho da obra *Dom Quixote de la Mancha*, em que Dom Quixote briga com moinhos de ventos na ilusória ideia de que eram "trinta ou mais desaforados gigantes" a serem enfrentados. Obviamente, o Cavaleiro Manchego perde essa luta. Esse trecho, escrito por Miguel de Cervantes, muitas vezes é utilizado como a moral de toda a história de Dom Quixote. Elaborado no início do século XVII, esse texto permanece muito atual, já que mostra que de nada adianta querer lutar uma batalha que, na verdade, não existe. Ou caso existisse, ocorreria apenas em eventos muito específicos e que acabam virando apenas histórias.

Não seja tentado por ganhos rápidos. Mesmo que eles existam em alguns momentos, não são sustentáveis. O investidor iniciante talvez nem saiba como funciona a parte operacional de se pegar dinheiro emprestado com uma corretora para se alavancar. E nem deveria querer saber. É tão simples que pode aumentar a tentação.

O objetivo deste livro, como fiz questão de enfatizar, não é passar uma fórmula mágica para ser bem-sucedido ao investir na Bolsa de Valores. Indo além, mesmo que eu tivesse uma, quando as pessoas tomassem conhecimento dela, em pouco tempo ela não seria mais tão mágica assim e deixaria de ter os resultados que já tivera um dia. A maioria das fórmulas mágicas que são vendidas atualmente utiliza-se da alavancagem para vender a ilusão de que é possível transformar um pobre em rico. O máximo que a alavancagem pode fazer por alguém que não tem dinheiro é deixá-lo sem dinheiro e com dívidas.

Não existe uma fórmula mágica, e mesmo que existisse, definitivamente ela não utilizaria a alavancagem. O mais próximo que podemos chegar de uma regra definitiva para investimentos é investir de acordo com o que você entende como o método mais adequado para você, e a única maneira de fazer isso é ter acesso a muitas ideias diferentes para conseguir elaborar sua forma de investimento.

Por fim, entendo perfeitamente que alguns dos conceitos abordados aqui foram um passo a mais para os investidores iniciantes, e se você ficou confuso com algum deles, fico feliz. A maioria das ideias que podem mudar sua mentalidade e, consequentemente, sua vida é difícil de ser compreendida e pode não fazer sentido no primeiro contato. Lembre-se sempre de que a confusão é o primeiro passo para você aprender conceitos novos. Nos investimentos, não é diferente. Essa é uma fase fundamental para você se tornar um investidor com um entendimento mais amplo da Bolsa de Valores.

Se em alguma dessas cartas eu te deixei confuso a ponto de aumentar seu interesse pelo assunto e te fazer buscar mais explicações e conhecimento, ficarei muito feliz. Assim como Dom Quixote, espero que essa aventura tenha te possibilitado chegar à conclusão de que, apesar de admirarmos inúmeras pessoas, heróis não existem. Tire lições e aprenda, mas não queira ser exatamente como Buffett ou Ackman. Se seguir por esse caminho, você pode acabar se perdendo em suas próprias fantasias.

AJUDAR (CONCLUSÃO)

Um dos primeiros livros que li e um dos que mais me marcaram foi *Memórias póstumas de Brás Cubas*, de Machado de Assis. Apesar de todo humor irônico presente no livro e de minha falta de maturidade no momento em que o li, uma lição ficou comigo: faça algo do qual você se orgulhe. Comecei a escrever este livro com uma lição similar a essa, a de Steve Jobs falando sobre caminhos na vida, e gostaria de terminar com algo no mesmo sentido.

A lição extraída nesse clássico me acompanhou. De forma alguma eu queria passar minha vida fazendo algo no qual eu não veria sentido posteriormente. O que eu não sabia era o que me guiaria rumo a esse propósito. Não tinha ideia e não pensei muito nisso na hora, mas estava bem claro que o caminho era em direção ao otimismo, e não ao pessimismo. O pessimismo parece piorar o que já é ruim e tornar ruim o que era para ser bom.

Junto comigo, em todos os textos que escrevi, lá estava a insegurança. É um sentimento de dúvida em relação à aceitação das pessoas e até mesmo de questionamento quanto a minha habilidade de transcrever meus pensamentos de uma forma didática. Tenho pavor de enrolarão, talvez por isso esse tenha sido o modelo do livro: textos curtos, práticos e que eventualmente acrescentassem algo aos leitores.

Apesar de toda essa insegurança, o que me fez continuar escrevendo foi o otimismo, a crença de que alguém teria uma leitura prazerosa, que fosse possível passar algumas ideias para a frente e, especialmente, que fosse possível instigar os leitores a buscarem mais conhecimento.

Ainda quando comecei a escrever este livro, o caminho pelo qual eu deveria seguir para me sentir realizado no final da vida ainda não estava totalmente no meu conhecimento. Para ser bem sincero, ainda não está, e acredito que nunca estará. Se você me conhece, sabe que a certeza não é uma de minhas características. Contudo, enquanto eu redigia os textos, fui me conhecendo melhor, e além do otimismo, o que me manteve escrevendo e insistindo na produção de vídeos educativos no YouTube e no Instagram e respondendo a perguntas de amigos e desconhecidos foi o prazer em ajudar.

Um grande amigo meu já me disse algumas vezes que não existe altruísmo verdadeiro, que ninguém ajuda o próximo simplesmente por ajudar. Segundo ele, essa atitude pode se dar pelo "engrandecimento" de sua imagem perante os demais, pode ser por se sentir na obrigação de fazer aquilo ou pelo simples fato de se sentir bem com o ato de ajudar. Seja como for, por mais que fale isso, tenho certeza de que ele me ajudaria sem querer nada em troca, como já fez várias vezes. É a hipocrisia do bem.

O otimista não pode se dar ao luxo de acreditar que não existe o "ajudar" sincero. O sentimento de ajudar só é ruim para quem não tem sentimento algum. Esse sentimento não invalida o ato, de forma alguma. Talvez até faça deste algo mais nobre. Somos assim. A emoção positiva pode até ser a recompensa, mas a consequência é a mudança. Ser otimista, invariavelmente, tem suas dificuldades. O otimista, com certa ingenuidade, prefere acreditar e, por isso, tem mais decepções. É natural.

Mas é ele que enxerga verdadeiramente o bem. Talvez o bem seja algo muito subjetivo. Com certeza ele é. Uma das melhores descrições de algo/alguém do "bem" a que já tive acesso é o personagem Guerássim na novela *A morte de Ivan Ilitch*, de Tolstói, que, apesar de mero servo, fazia de tudo, de bom grado, para amenizar as dores incessantes de seu chefe. Claramente não era pelo salário. Guerássim fazia mais que a própria família de Ivan, de bom grado e sem ser espalhafatoso. A um livro como esse certamente cabem diversas interpretações, mas a minha é a de que o personagem representava o bem no meio de tanto caos. Ele sempre existe, e quem tem mais facilidade de enxergá-lo são os otimistas. Ivan, ainda em vida, não se orgulhava de sua trajetória. Brás Cubas, apesar de morto, deixa claro que também não tinha orgulho algum da vida que viveu. Pelo contrário.

Qual a saída para eu não chegar ao final da vida com vergonha da minha trajetória? Sempre me faço essa pergunta. Quem sabe a resposta não esteja na fala de Steve Jobs: "Devemos seguir nosso coração." Talvez ela esteja na humildade e genuína bondade de Guerássim. Por hora, me contento em me inspirar no maravilhoso sentimento que temos ao ajudar e no contínuo otimismo de minha mãe, pela qual, sem vergonha alguma, posso afirmar que meu amor e minha admiração são indescritíveis. Eu vejo sentido nisso, e acredito que, no final da minha vida, o bom sentimento ao ajudar e o otimismo de acreditar serão o suficiente. Veremos.

AGRADECIMENTOS

Foram diversas pessoas que me auxiliaram no processo de escrever este livro. Ele passou por muitas fases e formas durante esses últimos dois anos, até chegar nesta versão final. Gostaria de deixar aqui alguns agradecimentos especiais às pessoas que acompanharam de perto todo o trabalho.

A toda minha família, que acreditou que seria possível eu publicar o livro.

Ao meu amigo de infância Eduardo Oliveira, por sempre se mostrar muito solícito e interessado no conteúdo do livro. Dudu, sem você este livro não existiria.

Ao meu amigo Henrique Stuart, que me incentivou a começar minha jornada nas redes sociais e que resultam hoje neste livro. Obrigado por todas as conversas e pelo apoio.

A todas as pessoas que me acompanham nas redes sociais e que se mostraram tão abertas a novas informações e me impulsionaram para continuar escrevendo e levando o máximo de conhecimento dentro do meu alcance.

Meu muito obrigado.

Gustavo Hermont

Referências

Com o intuito de diminuir o número de páginas, os livros, as informações e os dados utilizados nesta obra podem ser encontrados no site <www.investidorsemgrife.com.br>.

ÍNDICE

A

Adam Smith, filósofo e economista, 10

alavancagem, 42, 205–206

Alibaba, 89

Amazon, 57, 65–66, 142. *Consulte também* Jeff Bezos

American Online, 89–90

Amos Tversky, autor, 91, 119, 123. *Consulte também* Daniel Kahneman

Análise

da gestão, 56

de ações, 31, 55, 58–59, 144

de empresas, 31, 57, 63, 64

Fundamentalista, 41–43

Técnica, 41–43

Apple, 1, 65

ativos, 41, 46–54, 63, 70, 91, 101–102, 107–108, 111, 121, 130, 163–165, 181–182

B

balanço patrimonial, 46–54

Benjamin Graham, economista, 63, 64

Bill Ackman, investidor norte-americano, 205

Bill Gates, 72, 194. *Consulte também* Microsoft

Bitcoin, 6, 71–72

Blockchain, 71–72

bolha especulativa, 66, 68–70, 71, 73, 74, 89, 142

Bolsa de Valores, 1–3, 6–8, 9, 12, 19–20, 25–26, 27–28, 31, 33–34, 41–43, 53, 59, 67–70, 75, 77, 89, 107, 109–111, 119, 121, 123–125, 136–138, 150, 156, 157, 159, 171, 173, 178, 185, 187–188, 192, 195, 206

Bull Market, 92

C

carteira de investimentos, 30, 43, 61–62, 69–70, 72, 77–78, 80, 81–82, 93–95, 101–102, 103–105, 104–105, 107–108, 111, 114, 115–116, 117, 119–120, 121–122, 123–125, 129–130, 151–152, 153, 172, 181–182, 197–198

Charlie Munger, investidor norte-americano, 84, 92–95, 132, 153, 188

commodity, 26, 35, 87–88

criptomoeda, 71–72

crises econômicas, 15, 67–70, 100–102, 164–165, 181–182, 182

D

Daniel Goleman, autor, 123

Daniel Kahneman, autor, 91, 119, 123

diversificação de ações, 92–95, 93–95, 107–108, 130, 172

Drawdown, 81

Dupont, 141

E

Ebay, 68

EBIT, lucro antes de juros e imposto de renda, 47–54

educação financeira, 17

Edwin B. Twitmyer, psicólogo, 83

empreendedorismo, 1, 36–37, 46, 98, 131, 155–156, 171

Era

da Informação, 141–144

Digital, 142

Industrial, 141–144

ETF, Exchange Traded Fund, 197. *Consulte também* Fundos de Investimento

Eugene Fama, economista norte-americano, 91–95

F

Facebook, 89–90, 142

Felipe Miranda, economista, 107, 108

finanças comportamentais, 91–92

Fluxo de Caixa, 47–54

Freud, 24

fundos

de investimento, 107

imobiliários, 103–105, 181–182

G

ganhar dinheiro na Bolsa, 7, 22, 24, 33, 116, 122, 123, 175, 179

General Motors, 141

George Sorose Soros, investidor e filantropo, 15, 67, 135

gestão

de empresas, 31, 41, 57, 119, 192, 202

de investimentos, 104, 132

financeira, 66, 141

psicológica, 123

goodwill, 46–54

Google, 41, 142, 167, 168, 183

H

Harry Max Markowitz, economista, 27–28, 92–95, 107–108, 130, 181–182

hedge, 81, 123, 181

Howard Marks, autor, 93

I

Ibovespa, 94–95, 160, 175

indicadores, 45, 58, 61, 85, 88

investidor

ÍNDICE

iniciante, 25, 36, 61, 111, 197, 206

Sem Grife, blog, 1–3

investidores, 3, 22, 27, 33–34, 41–43, 45, 51, 54, 55–56, 63, 67–70, 71–72, 73, 77, 85, 88, 91–93, 99–100, 107, 110, 114, 115, 119, 123, 135, 137, 143–144, 151, 155–156, 159, 161, 171, 178, 182, 187–188, 192, 195, 199, 202–203, 205–206

investimento

em ações, 2, 19, 22, 66, 77, 81, 139, 159–160

em empresas, 19, 20, 64, 66, 87, 88, 169, 202

IPOs, 1, 6, 53–54, 63, 66, 75, 137, 155

Ivan Pavlov, fisiologista russo, 83

J

Jeff Bezos, fundador da Amazon, 57, 66

Jeremy Siegel, autor, 163, 165

Joel Greenblatt, investidor norte-americano, 85

juros, 33, 47–54, 61, 72, 113, 155, 159, 161, 171

L

Lei da oferta e demanda, 9–13, 149

liberdade financeira, 23

M

Malcolm Gladwell, autor, 7

Margareth Thatcher, ex-primeira-ministra do Reino Unido, 29

margem de segurança, 134, 202–203

mercado

de capitais, 91–95, 107–108, 155–156, 185–186

financeiro, 42, 71, 151, 178, 205

meritocracia, 193–195

Michael Batnick, autor, 27

Microsoft, 41, 65, 72, 194

mindset, 17

MRV, 131–132

N

Nasdaq, 68, 89, 150

Nassim Taleb, autor, 35–37, 97–98, 107–108, 108

O

ordem de compra, 25

ouro, 67, 69, 72, 90, 110, 135, 181–182

P

passivos, 46–54

Philip Fisher, investidor norte-americano, 93, 94

psicologia, 83, 123

R

Ray Dalio, investidor norte-americano, 163, 181

reserva de emergência, 15, 17, 98, 101, 102

S

Sigmund Freud, criador da psicanálise, 29

Stanley Druckenmiller, investidor norte-americano, 15, 73

Steve Jobs, inventor e cofundador da Apple, 1, 3, 65, 207–208

T

Taxa Selic, 160, 162

Teoria
de Bayes, 189–192
do Portfólio, 27, 107, 130. *Consulte também* Harry Max Markowitz

Thiago Nigro, fundador de O Primo Rico., 185–186

títulos públicos, 3, 73, 108, 160, 181

traders, 19, 35, 43, 153

V

Valor Patrimonial por Ação, 63–64, 183

valuation, 41, 56, 58–59

value trap, 199

Verizon, 89

volatilidade, 34, 54, 72, 80, 81–82, 92–95, 101–102, 105, 107–108, 110–111, 111, 115–116, 124–125, 129–130

W

Warren Buffett, investidor norte-americano, 57, 64, 78, 84, 85, 91–95, 123, 132, 137, 138, 153, 188, 194, 206

Y

Yahoo, 25, 89–90

Projetos corporativos e edições personalizadas dentro da sua estratégia de negócio. Já pensou nisso?

Coordenação de Eventos
Viviane Paiva
viviane@altabooks.com.br

Assistente Comercial
Fillipe Amorim
vendas.corporativas@altabooks.com.br

A Alta Books tem criado experiências incríveis no meio corporativo. Com a crescente implementação da educação corporativa nas empresas, o livro entra como uma importante fonte de conhecimento. Com atendimento personalizado, conseguimos identificar as principais necessidades, e criar uma seleção de livros que podem ser utilizados de diversas maneiras, como por exemplo, para fortalecer relacionamento com suas equipes/ seus clientes. Você já utilizou o livro para alguma ação estratégica na sua empresa?

Entre em contato com nosso time para entender melhor as possibilidades de personalização e incentivo ao desenvolvimento pessoal e profissional.

PUBLIQUE
SEU LIVRO

Publique seu livro com a Alta Books.
Para mais informações envie um e-mail para: autoria@altabooks.com.br

CONHEÇA OUTROS LIVROS DA **ALTA BOOKS**

Todas as imagens são meramente ilustrativas.

 /altabooks
 /alta-books
 /altabooks
 /altabooks
 /altabooks

Este livro foi impresso nas oficinas gráficas da Editora Vozes Ltda.,
Rua Frei Luís, 100 – Petrópolis, RJ.